Dr. Setondji Gilles Natachar GLELE

Le faux et le vrai ministères de Dieu

Dr. Setondji Gilles Natachar GLELE

Le faux et le vrai ministères de Dieu

Éditions Croix du Salut

Imprint

Cover image: www.ingimage.com

Publisher:
Éditions Croix du Salut
is a trademark of
Dodo Books Indian Ocean Ltd. and OmniScriptum S.R.L publishing group

120 High Road, East Finchley, London, N2 9ED, United Kingdom
Str. Armeneasca 28/1, office 1, Chisinau MD-2012, Republic of Moldova, Europe
Printed at: see last page
ISBN: 978-620-6-17017-4

PREFACE

Je dédie ce livre à toute personne, quel que soit sa race ; son sexe ; sa nationalité ou ses convictions cultuelles et culturelles, nourrissant l'appétit d'élargir sa connaissance sur des sujets relatifs à la vérité biblique et est animée du désir curieux d'expérimenter la véritable liberté par le moyen de la connaissance de la vérité.

Je prie que le Saint-Esprit vous rencontre pendant que vous lisez ce livre.

Qu'il comble votre attente et que vous ne soyez plus jamais la même personne après cette aventure littéraire.

Nous bénissons Dieu qui a souverainement élevé son Fils unique, notre seigneur et sauveur personnel, par qui nous recevons la grâce d'avoir part à l'héritage des saints dans la lumière ; l'Esprit de sagesse et de révélation dans sa connaissance par lequel, nous sommes scellés pour le jour de la rédemption.

Nous nous unissons à vous pour une marche objective et fructueuse à la découverte de la compréhension selon le cœur de Dieu sur ce qui ressort de la pensée souveraine de Dieu par rapport aux regards contreversés des humains sur les concepts de l'argent et de la richesse.

Pendant que j'écrivais ce livre, c'était comme si vous et moi, lors d'une balade, parlions face à face.

Je peux vous assurer que le contenu de ce livre est très efficace et éclaireur, de sorte qu'en le lisant simplement d'un bout à l'autre, le cœur ouvert et sincère, vous serez vraiment délivré de votre ignorance relative au cafouillage qui entoure les multiples interprétations que font objet les saintes écritures de nos jours.

Que vous soyez : Catholique ; protestant ; pentecôtiste ou ayant tout simplement la Bible en partage ;

Sachez que cet ouvrage vient à point nommé en réponse aux exigences des derniers temps que nous traversons dans la marche annonciatrice de l'œuvre du Seigneur Jésus Christ et de son avènement pour le festin royal des justes.

Nous profitons de l'occasion pour vous informer que les gens sont incontestablement semblables dans le monde. Ils vivent d'une manière ou d'une autre les mêmes réalités. Ils ont autant que vous, besoin de connaitre ; de comprendre et recherchent à tort ou à raison la même vérité.

C'est pourquoi les œuvres de cette édition, paraissent telle une denrée rare qu'il faudra à tout prix se procurer.

<u>**Sommaire :**</u>

Aperçu général sur le livre

Le livre que voici, loin d'être un paquet de réflexions apprêté pour servir à la satisfaction de nos différents lecteurs, est une véritable clé ; un puissant outil d'acquisition intellectuelle assorti des riches révélations que l'Eternel Dieu, seul créateur des cieux, de la terre et les humains qui y habitent n'a cessé de multiplier au bénéfice du monde évangélique lequel n'arrête de s'entremêler les pédales et cela pour cause de l'ignorance.

Il faut souligner que nous sommes dans un monde contrôlé et dominé par la vue, en sorte qu'il devient plus facile aux humains de croire à la réalité qu'à la vérité.

Ils se plaisent bien à s'identifier aux choses visibles qu'à celles invisibles et en celà, deviennent des proies faciles aux artisans du mensonge et aux profiteurs de l'ignorance.

Voilà pourquoi ce livre est parti pour briser les barrières religieuses ; traverser les frontières de la croyance pour impacter le monde entier et servir efficacement de clé d'informations nécessaires et requises pour préserver les croyants de l'égarement et la duperie lesquels tirent leurs sources de l'ignorance.

Dieu étant créateur et propriétaire de l'homme n'a jamais voulu que celui-ci soit libre pour lui-même quoique conçu avec le libre-arbitre, mais plutôt dépendant de lui, son créateur de qui d'ailleurs il devra apprendre beaucoup de choses par lesquelles la sécurité et l'intégrité de sa personne étaient conditionnées et restent fondamentales, ce que vient de témoigner de nouveau cet ouvrage.

C'est pourquoi le développement du contenu de cet ouvrage penchera sur les véritables questions qui minent la vie de l'église en ce qui concerne l'exercice des différents ministères qui s'y impliquent conformément à la pensée de l'Eternel Dieu sur l'épineuse question relative au salut des âmes des croyants sans lesquels les ministères ne seront d'aucune utilité.

Introduction :

Nous abordons le développement de ladite œuvre par les formules d'action de grâces et de reconnaissance en l'honneur de celui qui est Dieu, le Père des esprits, l'Ancien des jours, le Rocher des âges, celui qui peut tout même au-delà de ce que nous pensons ou imaginons.

Il lui a plu de nous associer de nouveau à son riche et merveilleux projet, celui de mettre à la disposition de ceux et celles qu'il s'est lui-même choisi et outillé au moyen des informations inspirées du Saint-Esprit pour les envoyer comme des lampes de justice pour éclairer les hommes de toute langue en général et les croyants de tout bord en particulier, eux qui sont enchaînés par les ténèbres de l'ignorance et maintenus dans les liens suicidaires de la religion.

Voilà pourquoi il sera question pour ce qui nous concerne de faire l'historique des évènements et faits ayant caractérisé les différentes relations par lesquelles l'Eternel Dieu s'était tout le temps ouvert aux humains.

On parlera des différents ministères ayant caractérisé la vie relationnelle de l'homme avec l'Eternel Dieu son créateur et l'impact direct ou indirect qu'ils auraient laissé sur la vie de ceux ayant d'une manière et d'une autre fait exercice.

Nous allons demeurer dans cette volonté du Seigneur de gloire pour se statuer sur les deux principaux ministères de source biblique lesquels seront révélés, l'un faux et l'autre vrai, et encore l'un supérieur à l'autre à cause d'une certaine inefficacité relevée pour assurer le salut des âmes des croyants puisque c'est bien à celà que chacun d'eux avait été apprêté.

Et pour ce fait, nous n'allons pas seulement nous arrêter à la forme structurelle du ministère, mais aborderons également ses détails et contours en se spécifiant sur la ressource humaine ayant participé et contribué d'une manière et d'une autre auxdits ministères.

Nous allons à cet effet procéder à plusieurs études lesquelles évolueront d'étape à étape, et cela de manière à offrir de plus larges ouvertures d'appréhension et de compréhension à quiconque se retrouvant au nez, ledit ouvrage.

Et c'est sur ces mots que nous mettons un terme à ces quelques formules d'introduction en attendant de commencer par aborder progressivement les différents chapitres de notre prometteuse et excellente œuvre commune.

Chapitre : 1

Définitions bibliques diverses.

Définition biblique du Faux.

Le faux, comme son nom l'indique, est un mot pour désigner, au mieux pour qualifier une information ou quelque chose qui n'est pas conforme aux règles de l'art c'est à dire, à la légalité ou aux normes d'équité.

Il tire toujours son existence ou sa source d'une originalité et pouvait aisément servir à faire coller à un objet ou une information dont la nature n'est pas authentique et légalement approuvée.

Définition biblique du Vrai.

Le vrai, comme son nom l'indique, et contrairement à la définition ci-dessus, est un qualificatif ou un mot par lequel un objet ou une information est désignée d'authentique et d'originale.

Il s'agit d'un mot de nature à désigner quelque chose d'authentique, de véritable et légalement approuvée.

Il est aussi le seul et unique mot bien indiqué pour qualifier ou designer toute œuvre assortie d'une nouvelle création.

Définition biblique du Ministère.

Le ministère communément appelé sacerdoce dans le cas d'espèce, est un ensemble de compétences intellectuelles ; techniques et spirituelles inspirées de l'Eternel Dieu dans le but d'assurer une relation de service avec l'homme et dans l'objectif que celui-ci puisse lui offrir des cultes et diverses offrandes d'adoration.

On parlera du ministère divin ou sacerdotale lequel évoluera d'une génération à une autre et dans les différentes relations que l'Eternel Dieu dans toute sa souveraineté, a entrenu et continue d'entretenir avec les croyants.

Chapitre : 2

Généralité biblique sur le ministère de Dieu.

Le ministère, comme nous l'avions défini un peu plus haut correspond à un ensemble de compétences au nombre desquelles on peut citer de l'intelligence ; de la technicité ; du matériel et tout cela épaulé par l'être humain puisque c'est bien autour de lui et finalement pour lui que tournera tout le fonctionnement de la machine.

Ainsi, il convient de souligner que le ministère peut-être aussi considéré comme un ensemble de services diligenté par une compétence au profit et au bénéfice des demandeurs.

Et dans le cas d'espèce, le ministère et plus précisément la sagesse du ministère provient de l'Eternel Dieu, le créateur de l'univers tout entier, appelé le Dieu des esprits, qui en vu des merveilleux projets et jours dont il se nourrissait conformément à sa souveraineté, allait le disposer sous forme de contrat de travail le liant aux esprits vivant dans son conseil et dans le rôle des anges pour faire et exécuter ses différentes et multiples volontés.

Réf bibliques : Nombres : 16 V 22 ; 27 V 16 ; Hébreux : 1 V 13 - 14.

Ils tombèrent sur leur visage, et dirent : O Dieu, Dieu des esprits de toute chair ! Un seul homme a péché, et tu t'irriterais contre toute l'assemblée ?

Que l'Eternel, le Dieu des esprits de toute chair, établissent sur l'assemblée un homme...

Et auquel des anges Dieu a-t-il jamais dit :

Assieds-toi à ma droite ;

Jusqu'à ce que je fasse de tes ennemis ton marchepied ?

Ne sont-ils pas tous des esprits au service de Dieu, envoyés pour exercer un ministère en faveur de ceux qui doivent hériter le salut ?

Ainsi ci-dessus le contenu des versets lesquels confirment l'appellation de l'Eternel Dieu tel le Dieu des esprits, et non seulement cela, mais aussi le créateur de tous les esprits lesquels sont d'ailleurs liés à lui par une relation de service et par conséquent qualifiés tels des anges au service de Dieu.

Ces esprits de l'ordre angélique de par leur diversité existentielle seront dépourvus de toute volonté personnelle tendant à la satisfaction d'un quelconque appétit ou désir personnel, mais plutôt chargés d'amener à exécution les diverses volontés de leur Dieu, leur maître et Seigneur.

Ceci étant, le ministère divin allait commencer par le service des anges au sein du royaume des cieux et autour de l'Eternel Dieu le créateur, avant de se voir associer à de nouvelles compétences dont celles des humains à qui sera réservé le monde terrestre ou visible.

Ainsi, un monde visible appelé terre trouvera jour avec des caractéristiques spécifiques et bien différent de celui invisible appelé le monde des esprits et sera placé sous l'autorité administrative de l'homme avec à la clé, les pouvoirs de domination et d'assujettissement de tout ce qui sera autour de ce dernier.

Cependant, l'homme créé libre avec autant de pouvoirs d'après les saintes écritures ne sera pas entièrement indépendant de ses actes et décisions mais plutôt appelé à se soumettre à la volonté de l'Eternel Dieu son créateur et cela dans l'esprit du ministre de Dieu son maître et Seigneur en vue d'une relation de service et d'adoration de son Dieu.

Réf bibliques : Genèse : 2 V 16 ; Jean : 4 V 23 - 24 ; 2 Corinthiens : 3 V 17.

L'Eternel Dieu donna cet ordre à l'homme : Tu pourras manger de tous les arbres du jardin...

Mais l'heure vient, et elle est déjà venue où les vrais adorateurs adoreront le Père en esprit et en vérité ; car ce sont là les adorateurs que le Père demande.

Dieu est Esprit, et il faut que ceux qui l'adorent l'adorent en esprit et en vérité.

Or, le Seigneur c'est l'Esprit ; et là où est l'Esprit du Seigneur, là est la liberté.

Nous trouvons en détaillé quelques informations tirées du contenu des versets ci-dessus et au travers desquels nous pouvons relever l'attitude souveraine de l'Eternel Dieu à créer l'homme dans un état de liberté laquelle d'ailleurs se traduisait par l'ordre qu'il devra recevoir de son créateur pour ce qui regarde son approche préventive à l'égard de certains arbres nécessitant son attention c'est à dire empiétant sur sa liberté d'action.

Il va même se trouver qu'à la fin des temps, et en réponse aux conséquences liées au mauvais usage de la liberté de l'homme, ce qui d'ailleurs allait nécessiter une réparation de la relation de l'homme avec Dieu, c'est à dire passer de la fausse à la vraie adoration de Dieu par les croyants, conformément à la demande du Père, et ce sera le Fils unique, l'agneau de Dieu qui aura la lourde charge et la responsabilité d'œuvrer à cette provision, des adorateurs de Dieu en esprit et en vérité et cela à la demande du Très-haut.

Ainsi nous déduisons par référence aux détails du contenu qu'un peu à l'image des anges, les hommes aussi seront liés à l'Eternel Dieu leur créateur par une relation d'adoration laquelle en réalité correspondait à l'exercice du ministère de Dieu et pour Dieu au profit de la terre et plus précisément, les croyants.

Et pour rappel, le premier ministère liant les hommes à Dieu allait trouver jour par les soins du prophète Moïse et sera qualifié du sacerdoce lévitique communément appelé le service de l'autel.

Cela allait nécessiter des cultes d'adoration purement baisée sur la sagesse angélique qualifiée dans le rang des hommes, de l'adoration charnelle parce que, exclusivement réservée aux croyants de nature pécheresse.

Mais puisqu'on parlait de l'homme en qualité d'adorateur de Dieu, il convient de rappeler que celui-ci, pour mauvais usage de sa liberté, allait faire la connaissance du péché, ce qui le sortira de l'autorité directe de l'Eternel Dieu son créateur pour qu'il se retrouve en état d'esclavage de péché ; de la mort ; du diable et enfin sous la malédiction de la loi dont l'approche avec légèreté et imprudence avait été la cause principale de sa chute.

Réf bibliques : Genèse : 3 V 8 - 11 ; Romains : 5 V 12, 14 ; 7 V 7 - 8.

Alors ils entendirent la voix de l'Eternel Dieu, qui parcourait le jardin vers le soir, et l'homme et sa femme se cachèrent loin de la face de l'Eternel Dieu, au milieu du jardin.

Mais l'Eternel Dieu appela l'homme, et lui dit : Où es-tu ?

Il répondit : J'ai entendu ta voix dans le jardin, et j'ai eu peur, parce que je suis nu, et je me suis caché.

Et l'Eternel Dieu dit : Qui t'a appris que tu es nu ? Est-ce que tu as mangé de l'arbre dont je t'avais défendu de manger ?

C'est pourquoi, comme par un seul homme le péché est entré dans le monde, et par le péché la mort, et qu'ainsi la mort s'est étendue sur tous les hommes, parce que tous ont péché.

Cependant, la mort a régné depuis Adam jusqu'à Moïse, même sur ceux qui n'avaient pas péché par une transgression semblable à celle d'Adam, lequel est la figure de celui qui devrait venir.

Que dirons-nous donc ? La loi est-elle péché ? Loin de là ! Mais je n'ai connu le péché que par la loi.

Car je n'aurais pas connu la convoitise, si la loi n'eût dit : Tu ne convoiteras point.

Et le péché, saisissant l'occasion, produisit en moi par le commandement toutes sortes de convoitises ; car sans loi le péché est mort.

Nous notons à partir du contenu des versets ci-dessus un ensemble de détails lesquels témoignent de l'attitude répréhensible de l'homme envers Dieu et plus précisément à l'égard des instructions qui avaient été objectivement mises à la disposition de l'homme pour lui assurer une bonne croissance.

On notera dans la suite que l'homme fera preuve de légèreté et d'insoumission auxdites instructions et ce faisant, découvrira le péché et par le péché, la mort, et qu'ainsi les transmettra par héritage, à sa descendance.

Toute la race humaine au travers du premier homme en la personne d'Adam, sera victime du péché et de la mort et ainsi connaîtra la corruption.

Et c'est bien ce que témoignera la suite du contenu des versets et cela avec des explications assorties du Saint-Esprit pour faire mention d'autres aspects et contours de cette question de péché lequel avait réussi à poser sa captivité sur l'homme.

On retiendra que grâce à la loi mise à la disposition de l'homme pour lui servir d'instructeur et de formateur ou de pédagogue, le péché trouvera terrain favorable pour jouer sur l'imprudence de l'homme pour le prendre au piège et devenir maître de tout son être.

Ainsi, tous les hommes étant corrompus, et désormais retenus sous le règne du péché et de la mort amènera l'Eternel Dieu à qui rien n'est impossible, d'en tirer des croyants et à partir de ceux-ci, des ministres ou adorateurs de Dieu quoique conservant leur nature de péché et de corruption laquelle les positionne en inimitié avec Dieu et plus précisément en incompatibilité relationnelle avec celui-ci, parce que Dieu est demeuré juste de nature tandis que l'homme était devenu, corrompu et péché de nature.

Et comme nous avions commencé par le démontrer dans nos précédents développements, l'Eternel Dieu avait disposé la terre ou le monde visible de manière à placer l'homme au centre de toutes décisions et actions qu'il engagerait dans ce sens.

L'homme devra être dans le rôle pluridisciplinaire d'intendance, de représentation pour l'Eternel Dieu son créateur sur la terre et restera ainsi ministre et adorateur de Dieu à travers les différentes charges qui lui seront confiées et qui nécessiteront de lui l'attention nécessaire, rigueur, probité et bonne conscience professionnelle à l'égard de son maître et Seigneur.

Toujours dans le cadre de notre chapitre relatif à la généralité biblique sur le ministère de Dieu, il convient de souligner qu'il va exister en général deux différents types de ministères dont le premier sera conduit par les croyants ayant conservé leur nature de péché et par cela morts dans l'esprit c'est à dire déconnectés de Dieu dont ils étaient appelés à servir.

A cet effet, il faut noter qu'il y aura des dispositions conséquentes que l'Eternel Dieu allait prendre afin de rendre opérationnelle une telle relation laquelle était nécessaire pour ramener l'homme dans la réconciliation et la paix avec l'Eternel Dieu le véritable et légitime propriétaire et Seigneur de ce dernier et cela par le processus de sa restauration totale.

Les choses allaient rester en l'état de formation et d'éducation en lien avec la conscience humaine et cela par un processus de croissance spirituelle et structurelle jusqu'à ce que ce qui était passagère puisse céder place à ce qui est permanente.

On parlera du passage de la réalité pour la vérité, ce qui passera par le moyen de l'œuvre de la rédemption de l'agneau de Dieu sans taches et sans défauts pour la naissance et l'inauguration d'une nouvelle relation ministérielle de Dieu avec l'homme et cela par le biais des adorateurs dits de vrai et en esprit conformément à la demande et au goût du Seigneur Dieu.

C'est le lieu de rappeler que depuis la nuit des temps, l'Eternel Dieu, le créateur de l'univers visible et invisible a volontairement décidé d'avoir non seulement un regard permanent sur la terre mais aussi utiliser l'homme comme instrument objectivement créé, formé et équipé pour servir non à sa volonté personnelle mais à celle de celui qui est Dieu, son Seigneur, son Maître et son pourvoyeur.

Voilà pourquoi, le ministère révélera plutard plusieurs différents aspects à savoir des statuts ministériels et des dons, dont l'utilité de chacun reste importante et indispensable pour le bon aboutissement et l'atteinte des différents objectifs fixés par le souverain Dieu.

Réf bibliques : 1 Corinthiens : 12 V 4 - 11.

Il y a diversité de dons , mais le même Esprit ; diversité de ministères, mais le même Seigneur ; diversité d'opérations, mais le même Dieu qui opère tout en tous.

Or, à chacun la manifestation de l'Esprit est donnée pour l'utilité commune.

En effet, à l'un est donnée par l'Esprit une parole de sagesse ; à un autre, une parle de connaissance, selon le même Esprit.

A un autre, la foi, par le même Esprit ; à un autre, le don des guérisons, par le même Esprit.

A un autre, le don d'opérer des miracles,; à un autre, la prophétie ; à un autre, le discernement des esprits ; à un autre, la diversité des langues ; à un autre, l'interprétation des langues.

Un seul et même Esprit opère toutes ces choses, les distribuant à chacun en particulier comme il veut.

Et voilà en contenu ci-dessus, quelques détails qui témoignent de l'expression de la richesse de l'Eternel Dieu à travers son Saint-Esprit avec qui il forme une unité et qui se révélera source et acteur par excellence des différents dons ministériels par lesquels le Seigneur de gloire rendait l'homme ou le croyant régénéré suffisamment conquis à la cause de son Dieu.

Il faut souligner que ces détails en qualité de compétences ou talents se sont avérés nécessaires voir indispensables pour assurer la qualité de l'exercice du ministère en l'honneur de l'Eternel Dieu et l'efficacité de ses résultats sur la vie des bénéficiaires dudit ministère.

Nous découvrons en cela les variétés de capacités spirituelles telles que : la sagesse variante de Dieu ; la connaissance enrichissante ; les diverses guérisons ; l'opération des miracles ; la prophétie ; le discernement et surtout les différents types d'interprétations.

Et tout cela sera possible et désormais disponible à la portée des croyants en général et les ministres de Dieu en particulier après l'œuvre de la rédemption du seigneur et sauveur Jésus-Christ, ce qui servira à la restauration de l'homme autrefois victime et exclave du péché et demeurant dans l'adoration charnelle avec Dieu.

Ainsi, nous notons à partir de ce développement deux différents ministères de Dieu lesquels reposeront sur deux différentes alliances dont l'ancienne et la nouvelle pour déboucher sur les deux principaux livres résumant les vies des différentes catégories de serviteurs ou ministres impliqués dans la relation ministérielle de l'homme avec Dieu.

Et ce sera sur ces quelques mots que nous mettons terme au chapitre relatif à la généralité biblique sur le ministère de Dieu.

Chapitre : 3

Etude du faux ministère de Dieu.

Alors que nous allons procéder à l'étude du faux ministère de Dieu, la question est de savoir si quelque chose de faux pouvait sortir du Dieu saint, juste et parfait puisque le faux pouvait s'identifier au mal et à l'injustice ?

Nous répondons sans ambages par la négation, et cela par rappel que l'Eternel Dieu est caractérisé par une sainteté irréprochable et inégalable en sorte qu'il serait inconcevable que quelque chose d'impure puisse provenir d'une source pure.

Ainsi, il faut commencer par rappeler que l'Eternel Dieu est juste, bon et parfait et la multitude de ses œuvres en témoignent aisément.

Réf bibliques : Genèse : 1 V 31 ; Jacques : 3 V 10 - 12.

Dieu vit que tout ce qu'il avait fait, et voici, cela était très bon.

Ainsi, il y eut un soir, et un matin, ce fut le sixième jour.

De la même source sortent la bénédiction et la malédiction. Il ne faut pas les frères, qu'il en soit ainsi.

La source fait-elle jaillir par la même ouverture l'eau douce et l'eau amère ?

Un figuier, les frères, peut-il produire des olives, ou une vigne des figuiers ?

De l'eau salée ne peut pas non plus sortir de l'eau douce.

Du contenu des versets ci-dessus nous découvrons quelques informations témoignant directement ou indirectement sur la personnalité irréprochable et parfait de l'Eternel Dieu dont les premières lignes mettront en exergue ces œuvres, lesquelles ne manqueront de confirmer sa sainteté caractéristique et sa perfection inégalable.

Un peu plus bas, nous pouvons encore découvrir quelques enseignements présentés par le Saint-Esprit à travers les écrits de l'un des disciples du Seigneur et qui illustrent très bien le caractère invariable et immuable de la personne de Dieu de qui rien de contraire ou d'inconforme à sa nature ne saurait sortir en confirmation de sa nature de justice.

Et c'était l'image qu'il utilisait pour s'assurer de bien passer son message celui de ramener les croyants à prendre bonne conscience de qui ils étaient devenus pour avoir cru en Dieu par le seigneur et sauveur Jésus-Christ, et à cet effet, celui qui devrait être le résultat ou le produit ou encore le fruit de leur vie par comparaison aux autres peuples ne partageant pas la même foi qu'eux.

Et c'est bien ce qu'il essayait d'illustrer à travers les deux différentes sources dont il faisait mention dans son développement et desquelles pouvaient provenir de l'eau douce ou de l'eau amère, et impossible que de la même source proviennent les deux qualités d'eau.

Mais puisque nous sommes en train de nous pencher sur le faux ministère de Dieu, c'est le lieu de souligner que ce caractère de fausseté dudit ministère n'est pas lié à la personnalité de l'Eternel Dieu à qui revient de droit la sagesse ministérielle, mais plutôt à l'homme, à qui la charge ministérielle sera confiée, mais qui portait déjà en son sein la semence du péché et corrompu dans sa nature.

Ainsi, l'homme, par obéissance à la voix du diable contre celle de l'Eternel Dieu son créateur, allait découvrir une nature l'opposant à son créateur appelée péché et par cela ne pouvait obéir qu'au diable qui par la force des choses, était devenu son propriétaire et son maître par usurpation de titre et de pouvoir.

L'homme, se faisant, avait opté pour la vie charnelle laquelle l'alignait au rang des animaux contre celle spirituelle, celle qui était prédisposée pour l'élever au rang de Dieu afin de confirmer par obéissance aux instructions mises à sa disposition, le partage de son image et sa ressemblance avec son créateur.

On notera ce qui suit :

Réf bibliques : Genèse : 2 V 15 - 17 ; Jean : 6 V 47 - 51, 53 - 54, 56.

L'Eternel Dieu prit l'homme, et le plaça dans le jardin d'Eden pour le cultiver et pour le garder.

L'Eternel Dieu donna cet ordre à l'homme : Tu pourras manger de tous les arbres du jardin ; mais tu ne mangeras pas de l'arbre de la connaissance du bien et du mal, car le jour où tu en mangeras, tu mourras.

En vérité, en vérité, je vous le dis, celui qui croit en moi à la vie éternelle.

Je suis le pain de vie.

Vos pères ont mangé la manne dans le désert, et ils sont morts.

C'est ici le pain qui descend du ciel, afin que celui qui en mange ne meure point.

Je suis le pain vivant qui est descendu du ciel. Si quelqu'un mange de ce pain, il vivra éternellement ; et le pain que je donnerai, c'est ma chair, que je donnerai pour la vie du monde.

Jésus leur dit : En vérité, en vérité, je vous le dis, si vous ne mangez la chair du Fils de l'homme, et si vous ne buvez mon sang, vous n'avez point la vie en vous-mêmes.

Celui qui mange ma chair et qui boit mon sang à la vie éternelle ; et je le ressusciterai au dernier jour.

Celui qui mange ma chair et qui boit mon sang demeure en moi, et je demeure en lui.

Déjà, à partir du contenu des versets ci-dessus nous découvrons la démarche objective et responsable de l'Eternel Dieu à l'endroit de l'homme qui venait d'être créé et formé.

Ainsi, des saintes écritures, nous notons que l'homme, après être créé et formé par l'Eternel Dieu, sera placé à l'intérieur du jardin d'Eden où certaines instructions lui seront données et feront appel à son obéissance et cela en vue des divers projets que l'Eternel nourrit en direction de la terre, laquelle devrait être gouvernée par l'homme.

De ces instructions, seront notées les deux grandes sagesses de Dieu communément appelées les lois de Dieu et plus précisément, la loi de la liberté ou la grâce, ou encore la loi de l'Esprit de vie, et la loi de l'interdit ou la loi du péché et de la condamnation ou encore la loi tout court.

C'est pas le moment de rouvrir un nouveau chapitre sur ces questions de grandes utilités et d'une importance capitale en matière de connaissance pour une véritable relation ou marche avec Dieu.

Cependant, il sera constaté que l'homme empruntera par obéissance à une voix étrangère dont celle de lucifer désormais dans le rôle du diable et de Satan contre celle relative à l'ordre de l'Eternel Dieu son créateur et qui d'ailleurs, l'avait placé dans le jardin.

Et cette nouvelle voix sera couverte par la loi de l'interdit ou celle du péché et de la condamnation pour finalement se retrouver loin des projets de son créateur et livré à la mort.

L'homme conservera désormais en lui, le souffle de vie qu'il avait reçu à travers les narines et qui le limite seulement à la vie charnelle ou animale, parce que mort dans son esprit et déconnecté de Dieu.

Il aurait emprunté le chemin à lui tracer par l'Eternel Dieu son créateur, son véritable maître et cela par obéissance aux instructions qui lui avaient été données et par lesquelles il découvrirait la vie éternelle ou la vie de Dieu pour confirmer son partage d'image et de ressemblance avec Dieu.

Et c'est ce que la suite du contenu des versets pris en considération allait nous fournir pour davantage d'informations relatives à la vie de Dieu laquelle correspondrait au résultat tiré de la consommation de la chair et du sang du Fils unique de Dieu, le seigneur et sauveur Jésus-Christ.

Il pouvait souligner qu'il demeurait en quiconque ayant mangé sa chair et bu son sang et celui-là en lui, une expression qui traduit la déclaration prophétique relative au partage de l'image et la ressemblance de l'homme avec l'Eternel Dieu son créateur.

Cependant, l'intérêt de notre développement ne se limitant qu'au faux ministère de Dieu, nous conduit au démarrage officiel dudit ministère et cela par les soins d'un descendant d'Abraham, d'Isaac, de Jacob, du peuple d'Israël et plus précisément de la tribu de Lévi, l'une des douze composant la communauté juive d'alors ou le peuple d'Israël.

Il aura pour nom d'appellation, Moïse, et exercera sous le statut ministériel de prophète de l'Eternel.

Réf bibliques : Exode : 2 V 1 - 3, 4 - 5, 10 ; Actes : 7 V 20 - 22.

Un homme de la maison de Lévi avait pris pour femme une fille de Lévi.

Cette femme devint enceinte et enfanta un fils. Elle vit qu'il était beau, et elle le cacha pendant trois mois.

Ne pouvant plus le cacher, elle prit une caisse de jonc, qu'elle enduisit de bitume et de poix ; elle y mit l'enfant, et le déposa parmi les roseaux, sur le bord du fleuve.

La fille de Pharaon descendit au fleuve pour se baigner, et ses compagnes se promenèrent le long du fleuve. Elle aperçu la caisse au milieu des roseaux, et elle envoya sa servante pour la prendre.

Elle l'ouvrit, et vit l'enfant ; c'était un petit garçon qui pleurait. Elle en eut pitié, et elle dit : C'est un enfant des Hébreux !

Quand il eut grandi, elle l'amena à la fille de Pharaon, et elle fut pour elle comme un fils. Elle lui donna le nom de Moïse, car, dit-elle, je l'ai retiré des eaux.

A cette époque, naquit Moïse, qui était beau aux yeux de Dieu. Il fut nourri trois mois dans la maison de son père ; et quand il eut été exposé, la fille de Pharaon le recueillit, et l'éleva comme son fils.

Moïse fut instruit dans toute la sagesse des égyptiens, et il était puissant en parole et en œuvres.

Ci-dessous en détaillé, le contenu de ces quelques versets lesquels témoignent de la personne de Moïse qui, de tout ce qui précède, reste une figure emblématique et symbolique de la loi de l'interdit, et plus précisément, la tête de pont et l'initiateur du faux ministère de Dieu.

On parlera du prophète Moïse, qui au travers des rôles et des responsabilités mis à sa charge sera regardé plus qu'un simple homme, mais un dieu au-devant de l'homme de péché.

Il sera l'image ou la figure symbolique de la fausse adoration en l'honneur de l'Eternel Dieu et l'incarnation de tout le ministère divin qualifié de sacerdoce lévitique et qui était exercé par des croyants ayant conservé leur nature de péché et malgré cela, admis au service du Dieu saint, juste et parfait.

Réf bibliques : Nombres : 18 V 6 - 7 ; Deutér : 18 V 1 - 2 ; Hébreux : 7 V 5.

Voici, j'ai pris vos frères, les lévites du milieu des enfants d'Israël : donnés à l'Eternel, ils vous sont remis en don pour faire le service de la tente d'assignation.

Toi, et tes fils avec toi, vous observerez les fonctions de votre sacerdoce pour tout ce qui concerne l'autel et pour ce qui est en dedans du voile ; c'est le service que vous ferez.

Je vous accorde en pur don l'exercice du sacerdoce. L'étranger qui approchera sera puni de mort.

Les sacrificateurs, les lévites, la tribu entière de Lévi, n'auront ni part ni héritage avec Israël ; ils se nourriront des sacrifices consumés par le feu en l'honneur de l'Eternel et de l'héritage de l'Eternel.

Ils n'auront point d'héritage au milieu de leurs frères : l'Eternel sera leur héritage, comme il le leur a dit.

Ceux des fils de Lévi qui exercent le sacerdoce ont, d'après la loi, l'ordre de lever la dîme sur le peuple, c'est à dire, sur leurs frères, qui cependant, sont issus des reins d'Abraham.

De ces quelques versets ci-dessus cités, nous avons des informations témoignant du choix de l'Eternel Dieu sur la tribu de Lévi, l'une des douze constituant la communauté juive, pour la consacrer à son service et plus précisément le service de l'autel dans un ministère appelé sacerdoce lévitique.

Ce choix que l'Eternel Dieu, le souverain allait porter sur eux c'est à dire les descendants de la tribu de Lévi, aura plusieurs conséquences dont les avantages et les inconvénients sur leurs vies et cela de génération en génération puisque c'est bien de cette tribu que sortiront tous les types et catégories de serviteurs enroulés.

On notera les différents types de sacrificateurs, les employés de diverses classes, certains chargés de l'entretien et du nettoyage du tabernacle ; le renouvellement des choses à remplacer périodiquement ; la veille sur le feu ; les chargés de tuer et de brûler la chair et la graisse de certains animaux offerts en sacrifice de diverses natures, pour ne citer que ceux-là.

Il faut rappeler que ceux-là sont exclusivement et rigoureusement consacrés à ces différentes tâches, ce qui leur offrait quelques retombés d'ordre alimentaire cependant, leur privait aussi plusieurs aspects de leur vie de communauté ou sociétale, et cela s'avérait nécessaire pour les détacher de la distraction charnelle et des occupations inutiles.

Mais avant de continuer dans notre développement, il nous plaît de rappeler que tous ceux-là portaient en eux la semence du péché et conformément à la loi, étaient dans un état d'inégalité et d'inconformité relationnelle avec Dieu, d'où la nécessité de pourvoir à des dispositions susceptibles de rendre compatible ne serait-ce que provisoirement, leur relation avec Dieu.

A cet effet, l'Eternel Dieu, suffisamment sage en conseils, pourvoiera d'une capacité de couverture par laquelle l'homme du péché sera couvert de manière à cacher sa nudité ou son état d'impureté causé par sa connaissance du péché, et cela comparativement à la sainteté et pureté de l'Eternel Dieu, le juste et le parfait de nature.

On parlera de la consécration des différents ministres par un processus d'obtention de l'onction pour se faire admis au service de Dieu ou de l'autel.

Et pour cela, une illustration sera présentée au cours de la première rencontre de l'ange de l'Eternel avec son serviteur le prophète Moïse, qui d'ailleurs était dans la figure représentative de tout le collège générationnel appelé à ce service.

Réf bibliques : Exode : 3 V 1 - 3 ; Lévi : 8 V 12 - 13 ; Nbres : 8 V 20 - 22.

Moïse faisait paître le troupeau de Jéthro, son beau-père, sacrificateur de Madian ; et il mena le troupeau derrière le désert, et vint à la montagne de Dieu, à Horeb.

L'ange de l'Eternel lui apparut dans une flamme de feu, au milieu d'un buisson.

Moïse regarda ; et voici, le buisson était tout en feu, et le buisson ne consumait point.

Moïse dit : Je veux me détourner pour voir quelle est cette grande vision, et pourquoi le buisson ne consume point.

Il répandit de l'huile d'onction sur la tête d'Aaron, et l'oignit, afin de le sanctifier.

Moïse fit aussi approcher les fils d'Aaron ; il les revêtit de tuniques, les ceignit de ceintures, et leur attacha des bonnets, comme l'Eternel l'avait ordonné à Moïse.

Moïse, Aaron et toute l'assemblée des enfants d'Israël firent à l'égard des lévites tout ce que l'Eternel avait ordonné à Moïse touchant les lévites ; ainsi firent à leur égard les enfants d'Israël.

Les lévites se purifièrent, et lavèrent leurs vêtements ; Aaron les fit tourner de côté et d'autre comme une offrande devant l'Eternel, et il fit l'expiation pour eux, afin de les purifier.

Après cela, les lévites vinrent faire leur service dans la tente d'assignation, en présence d'Aaron et de ses fils, selon que l'Eternel avait ordonné à Moïse touchant les lévites ; ainsi fut-il faire à leur égard.

Ainsi se présente en contenu détaillé les versets ci-dessus, lesquels témoignent de la relation ministérielle que l'Eternel Dieu avait entretenu avec les croyants de nature pécheresse et dont l'effectivité avait exigé certaines réformes d'ordre structurel et organisationnel.

Et comme nous le disions tantôt, la question d'incompatibilité relationnelle entre l'Eternel Dieu et les croyants demeurés captifs du péché allait s'imposer et nécessiter des dispositions à prendre pour rendre les choses possibles ne serait-ce que pour une période de transition.

Et comme ce fut le cas d'Adam et Eve à l'intérieur du jardin d'Eden et précisément au lendemain de leur connaissance du péché, où ils s'étaient conçus des feuilles de figuier pour couvrir leur nudité, et qui avait poussé le Seigneur Dieu à leur concevoir la peau d'animal pour les couvrir en remplacement de ce qu'ils avaient eux-mêmes produit et qui ne pouvait résister encore moins durer face aux intempéries du temps

C'était l'ombre de l'onction qui allait s'imposer comme inconditionnel pour couvrir l'état d'incompatibilité de l'homme ou du croyant pour pouvoir se maintenir dans le plan de Dieu, d'où d'ailleurs la nécessité d'une bonne connaissance des différents lives de la Bible.

Ainsi, l'onction ou la consécration s'imposera comme condition incontournable pour se faire admis dans l'administration de l'Eternel Dieu, quoiqu'à l'époque, le ministère était d'office réservé aux descendants de la tribu de Lévi au point que l'interdit était donné à tout étranger en sorte qu'une présence étrangère était passible de mort.

Réf bibliques : Genèse : 3 V 7, 21.

Les yeux de l'un et de l'autre s'ouvrirent, ils connurent qu'ils étaient nus et ayant conçu des feuilles de figuier, ils s'en firent des ceintures.

L'Eternel Dieu fit à Adam et à sa femme des habits de peau , et il les en revêtit.

Et c'est ainsi comme se présente en contenu détaillé la démarche de l'Eternel Dieu à l'égard d'Adam et de sa femme et au travers d'eux, l'homme pour pouvoir les permettre de demeurer dans son projet terrestre.

Et ce faisant, il revient de comprendre que cet habit de peau qui avait servi à couvrir la nudité de l'homme était nécessaire pour permettre à ce dernier de continuer à bénéficier du merveilleux regard de l'Eternel Dieu lequel regorge d'espérance et nourrissait beaucoup d'espoir au profit de l'homme.

Ce qui voudra dire que l'Eternel Dieu avait ses yeux sur l'habit de peau toutes les fois qu'il désirait regarder l'homme en faveur de qui il continuait de nourrir tellement d'espoirs.

Et c'est bel et bien ce qui allait prendre officiellement corps à la phase de l'exercice du ministère et sera qualifié de consécration ou d'onction.

Mais en attendant de continuer dans notre développement, retournons à notre image de buisson tout en feu sans pour autant se consumer.

Réf bibliques : Exode : 3 V 2.

L'ange de l'Eternel lui apparut dans une flamme de feu, au milieu d'un buisson.

Moïse regarda ; et voici, le buisson était tout en feu, et le buisson ne consumait point.

Moïse dit : Je veux me détourner pour voir quelle est cette grande vision, et pourquoi le buisson ne consume point.

Nous avons en détaillé le contenu du verset ci-dessus lequel nous ramène sur le premier contact officiel de l'Eternel Dieu avec son serviteur le prophète Moïse et cela par l'intermédiaire d'un de ses multitudes anges.

On notera au travers de cette illustration ou vision un buisson tout en feu, c'est à dire au milieu d'un feu qui brûlait normalement, mais qui ne causait aucun dommage sur les plants.

Il faut souligner le caractère anormal d'une telle scène laquelle sort carrément de la sagesse des hommes, ce qui devra d'ailleurs provoquer la curiosité de l'homme Moïse au point qu'il soit tenté de chercher à découvrir davantage l'étonnante vision.

Toutefois, ce qui devra faire l'objet de notre préoccupation, est l'étude séparée sur le buisson et le feu qui le couvrait sans le consumer.

Concernant le buisson et en fonction du résultat récolté de nos diverses recherches, il faut noter qu'il s'agit d'un plan de la catégorie des herbes sauvages et précisément, des arbustes ou arbrisseaux, et est souvent caractérisé par la présence des épines sur le corps. Il détient une autre spécificité laquelle se traduit par une croissance détachée de part et d'autre de plusieurs petites branches de manière à former une sorte de large famille sur lui-même et porté malgré cela par une et une seule racine.

Il convient de rappeler qu'il n'est pas un arbre à cause de sa taille très basse et d'envergure très modeste ou réduite, mais très présent dans les zones désertiques.

Il faut souligner que ces détails s'imposent comme informations très importantes pour commencer par designer l'état de péché des ministres lequel correspond à la nature sauvage de ces plants.

Ce plant appartiendra à la famille des arbrisseaux pour désigner la tribu ou la famille de Lévi laquelle tirait son origine ou sa source de Lévi, fils de Jacob et de Léa.

Mais en attendant de continuer dans notre développement, référons-nous aux versets dont le contenu en dit beaucoup sur ce que les prophéties avaient réservé pour le ministère ou sacerdoce lévitique.

Réf bibliques : Genèse : 49 V 5 - 7.

Siméon et Lévi, sont frères ; leurs glaives sont des instruments de violence.

Que mon âme n'entre point dans leur conciliabule.

Que mon esprit ne s'unisse point à leur assemblée !

Car, dans leur colère, ils ont tué des hommes.

Et, dans leur méchanceté, ils ont coupé les jarrets des taureaux.

Maudite soit leur colère, car elle est violente.

Et leur fureur, car elle est cruelle !

Je les séparerai dans Jacob ;

Et je les disperserai dans Israël.

Il faut souligner que le contenu des versets ci-dessus est l'extrait d'un ensemble de versets communiquant sur la volonté prophétique de Jacob, frère jumeau d'Esaü ; fils d'Isaac et petit fils d'Abraham, concernant l'avenir de chacun de ces douze fils, lesquels d'ailleurs avaient servi à la constitution du peuple d'Israël ou la communauté juive.

Toujours dans cette même direction ministérielle, ce Jacob sera celui de la descendance d'Abraham ayant conservé la promesse relative au salut de l'homme, qui avait été faite par l'Eternel Dieu à Abraham et réitéré sur son fils Isaac.

Ce qui confirme que ces différentes prophéties qu'il déclarait sur ses fils au soir de sa vie n'émanait pas de son propre gré ou volonté, mais poussé par le Saint-Esprit en vue de l'effectivité et de l'accomplissement du projet de Dieu relatif au rachat et à la réconciliation de l'homme captif du péché avec l'Eternel Dieu son créateur.

Ce qui explique que Lévi, l'un des douze fils de Jacob était déjà sous une forme de malédiction qui ne disait pas son nom, autrement, lui et son frère Siméon porteraient la malédiction imposée à toute la race humaine à travers Adam par la loi ou la loi de l'interdit, cause principale de la connaissance du péché par l'homme.

Toutefois, ce ne sera pas le seul point qui allait nous intéresser concernant l'exercice du ministère, mais une autre image et qui ne sera pas des moindres dans cette étude, sera l'arche de l'alliance ou de témoignage au sujet de laquelle le prophète Moïse devrait être instruite dans le cadre de son appel de Dieu pour la construction du tabernacle.

Mais avant, il importe de retenir que le feu qui allait couvrir le buisson représente toujours l'onction et était un élément caractéristique de l'onction pour maintenir dans un état de pureté le ministre de Dieu, le protéger contre les attaques extérieures, c'est à dire toutes les formes d'adversité et faisait ainsi dc lui-même un feu en déplacement.

Réf bibliques : Psaumes : 104 V 4 ; Hébreux : 1 V 7.

Il fait des vents ses messagers, des flammes de feu, ses serviteurs.

De plus, il dit des anges :

Celui qui fait de ses anges des vents,

Et de ses serviteurs une flamme de feu.

Et voilà qui le confirme très bien le contenu des versets ci-dessus, lesquels témoignent du statut ministériel des lévites pour pouvoir accéder au service de Dieu ou de l'autel, et ce sera, celui des anges de l'Eternel, communément appelé, les messagers de Dieu, même s'il arrivait que de nouvelles appellations allaient finir par faire surface au cours de l'exercice du ministère.

Et ce sera ainsi l'étude résumée du buisson et du feu dont il était couvert et qui ne le consumait point, ce qui s'explique par l'ensemble des fils de Lévi à savoir Moïse, Aaron et les fils de leurs pères appelés à les accompagner dans les différentes tâches liées au sacerdoce, et seront représentés par le buisson et avaient impérativement besoin de l'onction ou la consécration pour valider leur admission au service de l'autel ou de Dieu.

A présent le cas de l'arche de l'alliance ou de témoignage, élément essentiel inclus dans la structure définissant le tabernacle terrestre de Dieu.

A ce sujet un peu comme le cas précédent, on notera une image dont la description nous permettra de dégager les enseignements nécessaires.

Réf bibliques : Exode : 25 V 10 - 11, 16, 21 - 22.

Ils feront une arche de bois d'acacia, sa longueur sera de deux coudées et demie, sa largeur d'une coudée et demie, et sa hauteur d'une coudée et demie.

Tu la couvriras d'or pur, tu la couvriras en dedans et en dehors, et tu y feras une bordure d'or tout autour.

Tu mettras dans l'arche le témoignage, que je te donnerai.

Tu mettras le propitiatoire sur l'arche, et tu mettras dans l'arche le témoignage que je te donnerai.

C'est là que je me rencontrerai avec toi ; du haut du propitiatoire ; entre les deux chérubins placés sur l'arche du témoignage, je te donnerai tous mes ordres pour les enfants d'Israël.

Nous avons à partir du contenu des versets ci-dessus quelques notions concernant les composants de l'arche laquelle fait objet de notre étude.

En effet, il sera constaté que l'arche partira de l'idée créatrice et instructrice de Dieu pour la construction d'une caisse, laquelle sera faite à base du bois d'acacia et couvert d'or pur en dedans et en dehors.

Mais pendant que nous évoluons dans cette étude, il nous plaît de rappeler que l'instruction venait de l'Eternel Dieu lui-même, créateur et propriétaire de l'univers tout entier, la terre et tout ce qu'elle renferme, c'est à dire l'ensemble des différentes matières ou pierres précieuses qui y sont enfouies et cachées.

Cela paraissait important de le savoir et de le rappeler en ce que celui dont nous parlons ne manque et ne souffre absolument de rien et ne saurait être confronté à un quelconque souci de qualité encore moins de quantité pour satisfaire ses besoins.

Cependant, il décidera de la construction d'une caisse inscrite à l'avant-garde des éléments d'ordre matériel, alloués au ministère en son honneur, à base du bois d'acacia et couvert d'or pur en dedans et en dehors.

La question est de savoir, ce qui l'obligerait à de tel choix de construction, au lieu que la caisse soit naturellement faite et construite d'une seule et unique matière dont l'or pur, au lieu du bois mélangé à l'or, deux différents éléments qui nécessiteront intellectuellement et techniquement autant de peines pour se conserver et résister aux chocs de la concurrence des valeurs et qualités.

Et pourtant, c'était une autre figure de l'homme de Dieu ayant conservé sa nature de péché et qui en vue de l'exercice du ministère divin sera enroulé et soumis aux conditions requises et appropriées susceptibles de le qualifier pour son admission à de tel service appelé service de l'autel, et dans le cas d'espèce, le sacerdoce lévitique.

En réponse donc à notre interrogation laquelle, une importante partie venait d'être satisfaite à travers les précédentes lignes de notre développement, il convient de retenir que le bois d'acacia qui constitue l'élément de base de la caisse ou l'arche représente les ministres de Dieu de nature pécheresse c'est à dire non régénérés, et dans le cas d'espèce, les lévites.

Cependant, ce bois d'acacia qui allait servir à la construction ou la fabrication de la caisse dénommée arche de l'alliance ou du témoignage, sera couvert d'or pur en dedans et en dehors sur instruction de l'Eternel Dieu.

C'est alors le lieu de rappeler que l'or pur traduisait l'Eternel Dieu, dans sa justice et toute sa sainteté à l'état matériel et devrait servir de couverture à l'état d'impureté et souillé par le péché et la corruption de l'homme à titre d'onction pour tenter d'apporter une correction sur la forme au regard de l'incompatibilité relationnelle de l'homme avec Dieu.

L'or pur sera à nouveau dans le rôle de l'habit de peau, comme à l'intérieur du jardin d'Eden, et le feu dans la vision donnée à Moïse au mont Horeb, pour couvrir la nudité que la connaissance du péché avait causé sur la vie de l'homme afin de pouvoir le maintenir dans le projet terrestre du Dieu Tout-puissant à qui rien n'est absolument impossible.

Ainsi, puisque nous sommes en train d'aborder la question relative au faux ministère de Dieu, il nous revient de rappeler que l'Eternel Dieu, à qui revient de droit l'honneur de l'exercice des différents ministères, allait instruire son serviteur le prophète Moïse à l'effet de la construction d'un tabernacle terrestre lequel sera l'image copie du véritable qui lui sera montré sur la montagne par l'ange de l'Eternel.

C'est le lieu de rappeler que ce tabernacle est un édifice religieux existant déjà dans le ciel et qui est une structure qui regorge tellement d'enseignements et reste un mystère aux yeux de l'homme du péché.

Il faut ajouter que les instructions de Dieu à l'endroit de son prophète ne se limiteront seulement à la construction de l'édifice dénommé tabernacle, mais à cela, seront ajoutés plusieurs autres éléments d'ordre religieux faisant partir des composants intégrés dudit tabernacle en vue d'offrir à tout croyant de nature pécheresse, de pouvoir entreprendre une relation d'adoration avec le Dieu saint, juste et miséricordieux.

Réf bibliques : Hébreux : 8 V 5 ; 9 V 2 - 7.

Lesquels célèbrent un culte, image et ombre des choses célestes, selon que Moïse en fut divinement averti lorsqu'il allait construire le tabernacle : Aie soin, lui fut-il dit, de faire tout d'après le modèle qui t'a été montré sur la montagne.

Un tabernacle fut, en effet, construit. Dans la partie antérieure, appelée le lieu saint, étaient le chandelier, la table, et les pains de proposition.

Derrière le second voile se trouvait la partie du tabernacle appelée le saint des saints, renfermant l'autel d'or pur pour les parfums, et l'arche de l'alliance, entièrement recouverte d'or.

Il y avait dans l'arche un vase d'or contenant la manne, la verge d'Aaron, qui avait fleuri, et les tables de l'alliance.

Au-dessus de l'arche étaient les chérubins de la gloire, couvrant de leur ombre le propitiatoire.

Ce n'est pas le moment de parler en détail là-dessus.

Or, ces choses étant ainsi disposées, les sacrificateurs qui font le service entrent en tout temps dans la première partie du tabernacle.

Et dans la seconde le souverain sacrificateur seul entre une fois par an, non sans y porter du sang qu'il offre pour lui-même et pour les péchés du peuple.

Du contenu des versets ci-dessus, nous découvrons une petite description du tabernacle terrestre allongée à certains composants d'ordre religieux et spirituels nécessaires pour l'effectivité et l'exercice dudit ministère de Dieu.

Il faut souligner que les saintes écritures ne se limiteront seulement aux aspects matériels et techniques dudit ministère, mais feront également mention des deux catégories de serviteurs ou ministres ayant droit d'accès à l'intérieur du tabernacle, et nous étions sur l'aspect structurel et matériel de ce ministère qualifié de faux à cause des points que nous aurons l'occasion d'aborder au cours de la suite de nos développements.

Il faut ajouter que l'un des aspects de la faiblesse de ce ministère et précisément les ministres alloués à son service est que la relation qui les liait à l'Eternel Dieu est limitée sur la forme et non le fond où siège le péché, la corruption et la mort de l'esprit.

Ce qui signifie que l'onction qu'ils recevaient par consécration pour se faire admis à cette fonction sacerdotale ne servait à priori qu'à les couvrir, mais incapable d'atteindre leurs cœurs lesquels demeuraient sous la captivité et le contrôle du péché, selon qu'il est écrit, incapable à quiconque de servir de plein cœur, deux maîtres à la fois.

Réf bibliques : Luc : 16 V 13 ; Jacques : 3 V 11 - 12.

Nul serviteur ne peut servir deux maîtres. Car, ou il haïra l'un et aimera l'autre, ou il s'attachera à l'un et méprisera l'autre. Vous ne pouvez servir Dieu et Mamon.

La source fait-elle jaillir de la même ouverture l'eau douce et l'eau amère ?

Un figuier, mes frères, peut-il produire des olives, ou une vigne, des figues ? De l'eau salée ne peut pas produire non plus de l'eau douce.

Du contenu de ces quelques versets nous notons une sagesse confirmant le caractère hautement variable de l'Eternel Dieu pour souligner certaines choses qui ne sauraient d'aucune manière s'accorder et s'harmoniser.

Ainsi, à l'image de la lumière et les ténèbres ; le chaud et le froid ; la vie et la mort ; le oui et le non, pour ne citer que celles-là, le cœur qui fait office du siège de l'esprit de l'homme n'est pas conçu pour être à la fois sous le contrôle de la vie et de la mort ; de la justice et du péché ; de Dieu et du diable.

Et c'est bien ce que ces versets ont été choisis pour confirmer par référence à notre développement, puisque le péché ayant causé la séparation de l'homme d'avec son Dieu malgré le caractère irremplaçable de ce dernier au regard des projets terrestres de Dieu, l'implication de l'onction allait s'imposer comme inconditionnel pour servir de couverture à l'état d'impureté ou de péché de l'homme dont le cœur était déjà occupé par le péché et la mort pour assurer une possible marche relationnelle entre deux partenaires opposés par leurs natures et sources d'expression.

Mais puisqu'on ne saurait mieux comprendre la nature ou le bien fondé d'un ministère qu'à partir des ministres qui l'animent, il nous plaît de nous accentuer sur la vie ouvrière de la personne image et symbole de ce ministère de Dieu qualifié pour la circonstance de faux, et ce sera l'étude de la vie ministérielle du serviteur de Dieu, le prophète Moïse.

Cet exercice auquel nous jugeons nécessaire de s'y mettre ne repose pas sur une quelconque sagesse assortie de notre propre imagination, mais de la droite ligne tracée par l'Eternel Dieu lui-même pour l'intérêt général des croyants et des occasions d'information comme celles-ci.

Réf bibliques : Mathieu : 17 V 1 - 5.

Six jours après, Jésus prit avec lui Pierre, Jacques, et Jean, et il les conduisit à l'écart sur une haute montagne.

Il fut transfiguré devant eux ; son visage resplendit comme le soleil, et ses vêtements devinrent blancs comme la lumière.

Et voici, Moïse et Elie leur apparurent, s'entretenant avec lui.

Pierre, prenant la parole, dit à Jésus : Seigneur, il est bon que nous soyons ici ; si tu le veux, je dresserai ici trois tentes, une pour toi, une pour Moïse, et une pour Elie.

Comme il parlait encore, une nuée lumineuse les couvrit.

Et voici, une voix fit entendre de la nuée ces paroles : Celui-ci est mon Fils bien-aimé, en qui j'ai mis toute mon affection, écoutez-le !

Le contenu des versets ci-dessus n'est que l'extrait d'un ensemble relatant la démarche réformatrice et instructive de l'Eternel Dieu en faveur des disciples du seigneur Jésus lesquels en considération de leur âge, de leur culture et connaissance religieuse, avaient besoin d'être éclairés sur certains sujets et figures de hautes définitions idéologiques et religieuses qui occupaient une très grande place dans leurs cœurs au point même de les faire courir le risque de s'éloigner ou de s'opposer à la volonté ou direction de l'Eternel Dieu, le suprême décideur.

Et pour preuve, il sera remarqué que cette occasion était l'une des rares dans la vie des disciples du Seigneur et qui d'ailleurs avait fait parler le cœur de l'apôtre Pierre, lui qui mettait aux mêmes pieds d'égalité les deux grandes figures religieuses de presque toute l'histoire biblique en qualité de serviteurs ou ministres avec le Fils unique et admiré de Dieu.

C'est le lieu de rappeler que ces deux personnages, dont Moïse en premier incarnait à la fois, la loi de l'interdit laquelle après promulgation sera présentée sous forme de commandements et soutenue par des tables de pierres pour être remises sur la montagne à l'homme Moïse pour servir de référentiel relationnel entre le peuple d'Israël et son Dieu.

C'est d'ailleurs ces deux tables de loi que l'Eternel Dieu et précisément, l'ange de l'Eternel allait remettre à Moïse sur la montagne pour le compte de toute la communauté juive ou peuple d'Israël, qui seront appelées, le témoignage au sujet duquel Moïse devrait être instruit de le déposer à l'intérieur de l'arche qu'il devra construire.

Ces deux tables de loi, qualifiées de témoignage à déposer dans l'arche de l'alliance ou de Dieu d'après les instructions de l'Eternel Dieu, étaient dans le rôle de servir de témoin à Dieu au-devant de chaque croyant appartenant à son alliance, et étaient au centre de toutes les activités entrant dans le cadre de tous les composants de la relation liant tout le peuple en général, et chaque membre de la communauté en particulier, avec Dieu.

Réf bibliques : Actes : 15 V 21 ; 2 Corinthiens : 3 V 15.

Car, depuis bien des générations, Moïse a dans chaque ville des gens qui le prêchent, puisqu'on le lit tous les jours de sabbat dans les synagogues

Jusqu'à ce jour, quand on lit Moïse, un voile est jeté sur leurs cœurs...

Ainsi, à partir du contenu des versets ci-dessus, nous découvrons quelques éléments des saintes écritures qui confirment la personnalité pluri-dimensionnelle de l'homme de Dieu, le prophète Moïse comme figure emblématique et symbolique de grande envergure et même de portée exceptionnelle dans l'histoire de vie de la communauté juive.

Et pour rappel, il convient de retenir que cet homme représentera non seulement l'ensemble du sacerdoce lévitique, mais aussi la loi de l'interdit communément appelée la loi, et médiateur en association avec les anges de Dieu entre celui-ci et le croyant.

Réf bibliques : Galates : 3 V 19.

Pourquoi donc la loi ?

Elle a été donnée ensuite à cause des transgressions, jusqu'à ce que vint la postérité à qui la promesse avait été faite ; elle a été promulguée par des anges, au moyen d'un médiateur.

A partir donc du contenu des versets ci-dessus, nous pouvons nous faire quelques idées des divers statuts et rôles dans lesquels le serviteur de l'Eternel, le prophète Moïse allait s'identifier toujours dans le cadre de l'exécution des différents projets de Dieu en direction de la terre, et plus précisément, de l'homme.

Ainsi se présente en résumé la description du ministère de Dieu animé et conduit par des croyants non régénérés, c'est à dire ayant conservé leur nature de péché cependant, admis par le processus de consécration appelé onction au service de l'autel ou le sacerdoce, et nous croyons avoir suffisamment fourni des informations susceptibles de sortir plusieurs lecteurs de leur ignorance sur ces sujets vraiment sensibles.

A présent l'étude relative au fonctionnement dudit ministère, ce qui va toujours tourner autour de la personne symbolique du serviteur de l'Eternel, le prophète Moïse puisqu'il a été le premier à être officiellement enroulé dans cette relation ouvrière avec Dieu, et cela en vue du salut des âmes des croyants demeurés captifs du péché.

Et comme nous l'avions présenté un peu plus haut, l'homme Moïse, sur le chemin du pâturage, fera une découverte inhabituelle et vraiment époustouflante, et ce sera sa rencontre ministérielle et missionnaire de la part de l'Eternel Dieu son créateur et Dieu de ses pères, pour le démarrage officiel du processus de rachat de l'homme captif du péché.

Réf bibliques : Exode : 3 V 6 - 7, 10

Et il ajouta : Je suis le Dieu de ton père, le Dieu d'Abraham, le Dieu d'Isaac, et le Dieu de Jacob.

Moïse se cacha le visage, car il craignait de regarder Dieu.

L'Eternel dit : J'ai vu la souffrance de mon peuple qui est en Egypte, et j'ai entendu les cris que lui font pousser ses oppresseurs, car je connais ses douleurs.

Maintenant, va, je t'enverrai auprès de Pharaon

Du contenu de ces différents versets ci-dessus présentés, nous notons l'appel ministériel de l'Eternel Dieu à l'endroit de l'homme Moïse, et c'était le premier contact officiel.

Il devra lui faire part de sa préoccupation sur la vie de son peuple, resté jusque-là captif de la puissance mondaine ou diabolique que représentait non seulement le territoire égyptien, mais l'autorité de Pharaon incarnée dans l'image du serpent par référence à l'animal que lucifer dans le rôle du diable ou Satan c'est à dire le séparateur, pour s'assurer de l'atteinte de son objectif, celui de porter un coup au projet de Dieu en donnant le péché à l'homme puisque c'est bien ce dernier, le maillon le plus important et autour duquel gravite tout le détail dudit projet terrestre de l'Eternel Dieu.

C'est dans cette charge d'envoyé de Dieu qu'il deviendra prophète de celui qui allait l'envoyer et dont il portera à exécution la volonté.

Ceci étant, il importe de rappeler que cet homme, issu de la descendance d'Abraham et précisément de Jacob, et au travers de lui, Lévi, avait tout de même conservé sa nature de péché ou de corruption, et le souverain Dieu ne tardera à le soumettre à un exercice de prise de conscience de son état par rapport à lui, le Dieu vivant, juste, saint et parfait.

L'Eternel Dieu fera usage de plusieurs moyens pédagogiques susceptibles de ramener ce dernier à l'ordre de manière à briser son orgueil et ses conséquences.

Réf bibliques : Exode : 4 V 2 - 8.

L'Eternel lui dit : Qu'y a-t-il dans ta main ? Il répondit : Une verge.

L'Eternel lui dit : Jette-la par terre, il l'a jeta par terre, et la verge devint un serpent. Moïse fuyait devant le serpent.

L'Eternel dit à Moïse : Etends ta main, et saisis-le par la queue. Il étendit la main et le saisit, et le serpent redevint une verge dans sa main.

C'est-là, dit l'Eternel, ce que tu feras, afin qu'ils croient que l'Eternel ; le Dieu de leurs pères, t'est apparu, le Dieu d'Abraham, le Dieu d'Isaac, et le Dieu de Jacob.

L'Eternel lui dit encore : Mets ta main dans ton sein. Il mit sa main dans son sein ; puis il la retira, et voici, sa main était couverte de lèpre blanche comme la neige.

L'Eternel dit : Remets ta main dans ton sein. Il remit sa main dans son sein, puis il la retira de son sein, et voici, elle était redevenue comme sa chair.

S'ils ne te croient pas, dit l'Eternel, et n'écoutent pas la voix du premier signe, ils croiront à la voix du dernier signe.

Et voilà en contenu détaillé de ces quelques versets lesquels témoignent du travail psychologique et de conversion que l'Eternel Dieu allait commencer par effectuer sur le mental ou la conscience de l'homme Moïse, désormais prophète de Dieu au devant de Pharaon pour la cause du peuple captif d'Israël.

Puisque c'est à cet homme qu'allait revenir la charge et responsabilité d'affronter physiquement l'autorité de Pharaon, celle auprès de qui, il était tout le temps resté ; dans la cour de qui, il avait grandi et de qui il était bien placé pour rendre témoignage, et c'est d'ailleurs l'objet de sa fuite loin de sa face.

Et c'est bien ce que traduisait le premier signe porté par le serpent devant lequel l'homme Moïse fuyait. Et c'était le moyen le mieux indiqué et approprié selon Dieu pour mettre à nue le cœur de son prophète, et en même temps, l'occasion d'y apporter quelques corrections par lesquelles il devra s'armer afin de mieux affronter son ancien père, maître et seigneur.

Et l'Eternel qui ne fait jamais les choses à moitié, ne s'arrêtera pas en si bon chemin, mais après avoir traité le rapport Moïse Pharaon, ce sera celui le concernant, et ainsi, il allait aussi l'instruire de mettre la main dans son sein et de la retirer.

La main sera retirée couverte de lèpre blanche comme la neige, et à la reprise du même exercice, cette même main redeviendra comme elle était au par-avant, c'est à dire à l'état normal de la chair.

Ce qui signifiait le rappel de la conscience du péché, de la corruption et de faiblesse de la race humaine à laquelle, lui aussi appartenait en sorte que son choix sur lui ne devrait faire objet d'aucune idée de mérite par rapport à ses frères restés en Egypte, et d'ailleurs, auprès de qui, il était sur le point d'être envoyé pour les secourir.

Ainsi, la lèpre blanche dont la main de l'homme Moïse était couverte au retrait de son sein, symbolisait le péché et en l'état, il ne pouvait et ne devrait aucunement se tenir dans sa présence, sainte et pure, et cela malgré sa bonne condition physique.

Mais au nom de sa souveraineté, par laquelle l'impossible devient possible, et l'irréalisable devient réalisable, il l'avait choisi, et non seulement lui, mais toute la famille lévitique pour les affecter à son service ministériel par le moyen de la consécration ou de l'onction pour le servir.

Suite donc à ces différents contacts de l'Eternel Dieu avec son serviteur le prophète Moïse, les choses iront très vites et l'Eternel déploiera son bras puissant pour opérer des signes ; des prodiges et miracles par les mains de son serviteur à son frère Aaron sera ajouté à titre de compagnon de fortune toujours dans le cadre de la délivrance et de la libération du peuple d'Israël.

Ce peuple, à la tête de qui se trouvera le serviteur de Dieu, le prophète Moïse, finira par se retrouver en dehors des frontières du territoire égyptien et cela pour un périple qualifié de la traversée du désert pour la destination de la terre promise de Canaan, la terre où coulent le lait et le miel d'après les saintes écritures.

Un autre aspect des éléments qui portent ce ministère de Dieu sur lequel nous travaillons, est la montée régulière à la montagne du prophète Moïse à la demande de Dieu.

Cependant, il convient de souligner que durant tout le parcours relatif à la traversée du désert du peuple, il n'y avait que, seul le prophète Moïse qui montait sur la montagne, et personne d'autre que lui ne le faisait, et ne le pouvait même pas au risque de se rendre coupable d'interdire et subir la peine de mort.

Le sommet de la montagne par rapport au peuple, symbolisait la position de Dieu dont l'Eternel Dieu allait accordait à son serviteur le prophète Moïse par privilège sur le reste de la communauté, et particulièrement au-devant du monde païen.

Réf bibliques : Exode : 4 V 15 - 16 ; 7 V 1.

Tu lui parleras, et tu mettras les paroles dans sa bouche ; et moi, je serai avec ta bouche et avec sa bouche, et je vous enseignerai ce que vous aurez à faire.

Il parlera pour toi au peuple ; il te servira de bouche, et tu tiendras pour lui la place de Dieu.

L'Eternel dit à Moïse : Vois, je te fais Dieu pour Pharaon ; et Aaron, ton frère sera ton prophète.

Ainsi, du contenu des versets ci-dessus, nous découvrons comment l'Eternel Dieu allait changer l'image de son serviteur le prophète Moïse en l'élevant à la position de Dieu, non seulement devant les païens ou le monde représenté par Pharaon, mais les croyants demeurés captifs du péché représentés pour la circonstance par Aaron.

C'est le lieu de rappeler que cette position de supériorité à laquelle l'Eternel Dieu avait élevé son serviteur le prophète Moïse et cela grâce à l'onction spéciale qui lui avait été accordée, était la même position à laquelle l'Eternel Dieu voulait conduire l'homme en la personne d'Adam par l'appel à l'obéissance aux instructions qui lui avaient été données à l'intérieur du jardin d'Eden.

Adam allait faire preuve de rigueur et de détermination envers sa femme au regard des instructions de Dieu lesquelles appelaient à son obéissance, et serait directement élevé à cette position de supériorité et porterait ce statut de Dieu, conformément au temps et période fixés par l'autorité de l'Eternel Dieu son créateur.

Et c'est bien cette position que viendra connaître temporairement le prophète Moïse parce qu'il en jouira sous la malédiction, dans la faiblesse et la corruption causées par la connaissance du péché, et suspendu à l'autorité infranchissable en son état de la mort.

Réf bibliques : Deutéronome : 32 V 48 - 52 ; Romains : 5 V 12.

Ce même jour, l'Eternel parla à Moïse et dit :

Monte sur cette montagne d'Abarim, sur le mont Nebo, au pays de Moab, vis à vis de Jéricho ; et regarde le pays de Canaan que je donne en propriété aux enfants d'Israël.

Tu mourras sur la montagne où tu vas monter, et tu seras recueilli auprès de ton peuple, comme Aaron, ton frère, est mort sur la montagne de Hor et a été recueilli auprès de son peuple, parce que vous avez péché contre moi au milieu des enfants d'Israël, près des eaux de Meriba, à kadès, dans le désert de Tsin, et que vous ne m'avez point sanctifié au milieu des enfants d'Israël.

Tu verras le pays devant toi ; mais tu n'entreras point dans le pays que je donne aux enfants d'Israël.

C'est pourquoi, comme par un seul homme le péché est entré dans le monde, et par le péché la mort, et qu'ainsi la mort s'est étendue sur tous les hommes, parce que tous ont péché.

Le contenu des versets ci-dessus nous donne de relever l'unanimité de la sentence de mort confirmée sur tous les hommes lesquels étaient tous issus des reins d'Adam, le premier homme ayant fait la connaissance du péché.

Ainsi, la connaissance du péché sera la cause principale de la mort spirituelle de l'homme, et ne se limitera pas seulement à ce domaine, mais impactera encore plus négativement le domaine de la chair de ce dernier par des preuves de faiblesse et de corruption de tout son être.

Cependant, l'homme, par la même situation, était retenu sous la malédiction à lui imposé par la loi, ou la loi de l'interdit laquelle était la personne de Dieu ayant subi la désobéissance ou le mépris de l'homme.

Le péché ayant causé la séparation de l'homme d'avec Dieu, allait occasionner jusqu'à nouvel ordre, la fermeture du ciel au-dessus de la terre et la suspension presque de toutes les activités que l'Eternel Dieu engageait au profit de la terre et plus précisément en faveur de l'homme.

Ce qu'il y a lieu de retenir dans cet aspect des choses relatives à la fermeture du ciel au-dessus de la terre et précisément de l'homme, est que celui-ci par conséquent est soumis à l'autorité de la loi sans miséricorde et à travers elle, le diable qui en fait son pied d'appui pour mieux assurer son règne et sa domination sur la terre au sujet de laquelle il se réclame seigneur et dieu pour tenter de faire subir sa décision à tout ce qu'elle renferme.

C'est le lieu de rappeler que ces différents détails s'avèrent importants pour permettre aux lecteurs d'avoir une connaissance plus large quoiqu'on ne saurait tout fournir de peur de rouvrir les écrits d'un nouveau livre.

Cependant, le ciel étant fermé au-dessus de la terre, et à travers elle, l'homme qui était au centre de tout le projet de Dieu en direction de la terre, la structure d'adoration angelo-céleste allait être reproduite sur l'instruction de Dieu pour permettre à l'homme vendu au péché non seulement de se maintenir dans le plan de Dieu son créateur, mais aussi de s'adapter dans sa vie charnelle à la vie d'adoration à laquelle l'Eternel Dieu envisageait l'initier s'il avait fait preuve de soumission et d'obéissance à la direction qui lui avait été donnée dans le jardin d'Eden.

Toutefois, il nous plaît d'inviter nos lecteurs aux correspondances de ces trois éléments qui s'étendent sur trois différentes parties sur lesquelles reposent leurs corps.

On notera :

- Le royaume des cieux s'étendant sur trois dimensions dont le premier, le second et le troisième Ciel.

- Le tabernacle s'étendant également sur trois parties à savoir : le parvis ; le lieu saint et le lieu très saint encore appelé le saint des saints.

- L'homme, qui sera créé esprit, et doté d'une âme nécessaire pour la vie sur terre quoiqu'étant une entité spirituelle, et les deux déposés à l'intérieur d'un corps physique.

Réf bibliques : 2 Corin : 12 V 2 ; Hébreux : 9 V 2 - 4, 8 ; 1 Thess : 5 V 23.

Je connais un homme en Christ, qui fut, il y a quatorze ans, ravi jusqu'au troisième ciel ; si ce fut dans son corps je ne sais, si ce fut hors de son corps, je ne sais, Dieu le sait...

Il fut enlevé dans le paradis de Dieu, et qu'il entendit des paroles ineffables qu'il n'est pas permis à un homme d'exprimer.

Un tabernacle fut, en effet, construit. Dans la partie antérieure, appelée le lieu saint, étaient le chandelier, la table, et les pains de proposition.

Derrière le second voile, se trouvait la partie du tabernacle appelée le saint des saints, renfermant l'autel d'or pour les parfums, et l'arche de l'alliance, entièrement recouverte d'or.

Il y avait dans l'arche un vase d'or contenant la manne, la verge d'Aaron qui avait fleuri, et les tables de l'alliance.

Le Saint-Esprit montrait par là que le chemin du lieu très saint n'était pas encore ouvert, tant que le premier tabernacle subsistait.

Que le Dieu de paix vous sanctifie lui-même tout entiers, et que tout votre être, l'esprit, l'âme et le corps, soit conservé irrépréhenssible, lors de l'avènement de notre Seigneur Jésus-Christ.

Et là sont en contenu détaillé les versets ci-dessus, lesquels témoignent de la correspondance des trois éléments sur lesquels nous avions précédemment communiqué et qui en vérité, en disent beaucoup et des aspects difficiles à expliquer et cela à cause du niveau de croissance spirituelle très amoindri des croyants, lesquels certainement, connaîtront une véritable avancée par acquisition des riches révélations que regorge cette œuvre.

Les choses étant ainsi, et suivant notre étude de comparaison, l'homme, par sa connaissance du péché, allait perdre le domaine de son esprit lequel correspondait au troisième ciel dans la figure du royaume des cieux, et au lieu très saint ou le saint des saints dans la figure du tabernacle avec conséquence directe, la présence des chérubins avec épée à la main qui seront placés à la porte d'entrée du lieu très saint empêchant une tentative d'entrée de l'homme désormais captif du péché et étranger à la vie de Dieu.

L'homme restera limité à la chair avec à son actif, le contrôle de l'âme et le corps et deviendra en conséquence, l'homme animal ou charnel.

Et c'est bien le type d'homme qu'était devenu Adam après sa connaissance du péché, et connaîtra également une descendance victime et héritière de cette nouvelle nature ou niveau type d'homme qu'il était devenu.

Réf bibliques : Genèse : 5 V 1 - 3 ; Romains : 3 V 9, 19 ; 5 V 12.

Lorsque Dieu créa l'homme, il le fit à la ressemblance de Dieu.

Il créa l'homme et la femme, il les bénit, et il les appela du nom d'homme, lorsqu'ils furent créés.

Adam, âgé de cent trente ans, engendra un fils à sa ressemblance, selon son image, et lui donna le nom de Seth.

Quoi donc ! Sommes-nous plus excellents ? Nullement !

Car nous avons déjà prouvé que tous, juifs et Grecs, sont sous l'empire du péché...

Or, nous savons que tout ce que dit la loi, elle le dit à ceux qui sont sous la loi afin que toute bouche soit fermée et que tout le monde soit reconnu coupable devant Dieu.

C'est pourquoi, comme par un seul homme le péché est entré dans le monde, et par le péché la mort, et qu'ainsi la mort s'est étendue sur tous les hommes, parce que tous ont péché...

A partir du contenu des versets ci-dessus, lesquels témoignent pratiquement de l'origine de l'homme avec Dieu, laquelle reposait sur quelques traits caractéristiques les unissant, mais ne resteront point en l'état après certains âges de l'homme, ce qui allait se confirmer à travers la descendance de ce dernier, laquelle allait porter son image à lui, et non à l'Eternel Dieu comme ce fut son propre cas au commencement.

Et c'est bel et bien de cette même descendance que sortiront les figures telles que : Abraham ; Isaac ; Jacob, qui deviendra Israël et à travers lui, Lévi pour aboutir à la tribu de Lévi à laquelle appartiendra le serviteur de l'Eternel le prophète Moïse pour ne citer que lui seul.

Une preuve de plus pour confirmer l'état de péché hérité par tous les hommes issus de la naissance biologique classique et en celà ne sauraient plaire à Dieu peu importe leurs différentes œuvres de bonne ou de mauvaise intention.

Toutefois, il convient de souligner que Lévi duquel sortira la tribu de Lévi, quant-à lui, était sous l'influence d'une prophétie dégoûtante et réprouvée laquelle faisant objet de la privation de la bénédiction paternelle de l'Eternel Dieu susceptible de lui garantir la réussite d'une quelconque aventure ou relation ministérielle, et nous croyons avoir fourni suffisamment de détails à ce sujet.

En effet, la vie de Lévi était caractérisée par une violence inouïe, causeuse de mort, au point que l'expérience avait suscité la colère de son père Jacob sur la vie de celui sur qui reposait la grâce élective de l'Eternel Dieu pour le projet du rachat ou du salut des hommes en général et les croyants en particulier.

Ce trait de violence et de cruauté qui allait caractériser la vie de Lévi, fera objet d'héritage dans la vie de sa descendance laquelle avait constitué la tribu de Lévi et sera visible à travers le ministère qui sera confié à leur soin et dont ils auront la charge et responsabilité de conduire.

Il faut ajouter que l'homme par la connaissance du péché était désormais aux yeux de Dieu comme un malade, qui en l'état, avait besoin de guérison laquelle se présentera en deux principales phases dont, la guérison de l'esprit ou spirituelle, et la guérison de la chair ou charnelle ou encore animale, et c'est bien sur la dernière que reposera le ministère sur lequel nous travaillons, et on parlera de l'adoration charnelle.

Nous allons commencer avec un regard particulier sur la personne ministérielle du serviteur de Dieu, le prophète Moïse, lui qui au rappel est l'incarnation de la personne de Dieu selon la loi de l'interdit ; la principale figure emblématique concernant ce ministère et l'essentiel de tout ce que ce ministère a produit comme résultats sur la vie des croyants dans cette adoration charnelle.

Le démarrage de ce ministère reposera sur la promulgation de la loi, laquelle sera la personnalité de Dieu incarnée par le prophète Moïse, et qui sera au centre de l'organisation et le fonctionnement de tout le système religieux, puisque c'est bien cette loi qui servira de témoin de Dieu au-devant de tous les hommes en général et les croyants pécheurs en particulier.

Réf bibliques : Exode : 31 V 18 ; 32 V 15 - 16 ; Galates : 3 V 19.

Lorsque l'Eternel eut achevé de parler à Moïse sur la montagne de Sinaï, il lui donna les deux tables du témoignage, tables de pierre, écrites du doigt de Dieu.

Moïse retourna et descendit de la montagne, les deux tables du témoignage dans sa main ; les tables étaient écrites des deux côtés, elles étaient écrites de l'un et de l'autre côté.

Les tables étaient l'ouvrage de Dieu, et l'écriture était l'écriture de Dieu, gravée sur les tables.

Pourquoi donc la loi ?

Elle a été donnée ensuite à cause des transgressions, jusqu'à ce que vint la postérité à qui la promesse avait été faite ; elle a été promulguée par des anges, au moyen d'un médiateur.

Partant du contenu de ces différents versets ci-dessus nous notons que pour raisons relatives à l'exercice du ministère, le serviteur de Dieu, le prophète Moïse sera appelé à la rencontre de l'ange de l'Eternel sur la montagne de Sinaï, et de là, il descendra avec à la main, deux tables portant les écrits des doigts de l'Eternel Dieu lui-même.

Et ce sera les commandements assortis de la loi et apprêtés pour servir de témoin à l'Eternel Dieu au-devant de ceux qui étaient appelés à l'observation des différentes prescriptions que communiquent les commandements de ladite loi.

C'est l'occasion de rappeler que l'expression, monter sur la montagne à la rencontre de Dieu, correspond à l'accès du serviteur de l'Eternel le prophète Moïse au second ciel, c'est à dire au même niveau que les anges, appelé le monde des dieux ou celui de la connaissance du bien et du mal.

Et qui parle du monde des anges, parle du monde des esprits créés où on peut dénombrer certains ayant gardé leur dignité, et d'autres qui en avaient perdu pour avoir choisi de suivre lucifer et de s'aventurer dans sa voie de rébellion contre l'autorité du Dieu suprême, ce qui avait coûté leur chute et la perte de leurs positions.

Le contact avec ce monde correspond encore à l'alliance charnelle. C'est le monde de la croyance ou de la faiblesse de l'homme, parce que caractérisé par une instabilité permanente et une vie de routine et d'efforts personnels et continuels, et motivé par l'impulsion des désirs et la conscience du mérite.

Et c'est bel et bien la destination à laquelle le diable avait objectivement conduit l'homme en l'orientant vers l'arbre de la connaissance du bien et du mal afin de le faire découvrir en premier le monde de la faiblesse et de l'instabilité, lequel s'oppose à celui de l'esprit ou de Dieu le créateur, et cela afin de pouvoir le prendre en captivité et exercer le contrôle total sur lui.

Ce qu'il avait effectivement réussi à faire et les conséquences ne tarderont à faire apparition dans la vie de l'homme, dont la première sera le péché en tant que semence spirituelle de rébellion et d'opposition à tout ce qui est vertueux, juste et reçoit l'approbation de Dieu.

Mais pendant qu'on y est, on notera que le serviteur de l'Eternel, le prophète Moïse fera la première expérience de l'exercice du ministère après sa descente de la montagne, ce qui allait l'exposer à une épreuve relative à la gestion ministérielle de la colère laquelle constitue un élément caractéristique de la vie des lévites.

Réf bibliques : Exode : 32 V 19 - 20, 26 - 28.

Et, comme il s'approchait du camp, il vit le veau et les danses. La colère de Moïse s'enflamma ; il jeta de ses mains les tables, et les brisa au pied de la montagne.

Il prit le veau qu'ils avaient fait, et le brûla au feu ; il le réduisit en poudre, répandit cette poudre à la surface de l'eau , et fit boire les enfants d'Israël.

Moïse se plaça à la porte du camp, et dit : A moi ceux qui sont pour l'Eternel ! Et tous les enfants de Lévi s'assemblèrent auprès de lui.

Il leur dit : Ainsi parle l'Eternel, le Dieu d'Israël : Que chacun de vous mette son épée au côté ; traversez et parcourez le camp d'une porte à l'autre, et que chacun tue son frère, son parent.

Les enfants de Lévi firent ce qu'ordonnait Moïse ; et environ trois mille hommes parmi le peuple périrent en cette journée.

Moïse dit : Consacrez-vous aujourd'hui à l'Eternel, même en sacrifiant votre fils et votre frère, afin qu'il vous accorde aujourd'hui une bénédiction.

Du contenu des versets ci-dessus, nous découvrons la toute première expérience ministérielle du serviteur de l'Eternel, le prophète Moïse.

Et pour rappel, cet homme ayant bénéficié du choix du souverain Dieu pour l'exercice de son ministère lequel avait pour but et objectif principal, le salut des âmes des croyants en voie de perdition, raison d'ailleurs pour laquelle il avait été soumis à un travail de mise à niveau par les soins de celui qui l'a enroulé, sur sa propre conscience de pécheur et des réalités liées à l'appel qu'il avait reçu pour servir à la délivrance et la conduite du peuple d'Israël ou de Dieu de la terre de captivité égyptienne pour celle promise de Canaan, allait faire preuve d'échec et de manque de retenu par rapport à sa réaction laquelle l'avait complètement écarté du projet et de l'objectif de son maître à l'égard de ce peuple.

Il avait de si tôt mis en oubli tout ce que l'Eternel Dieu, le légitime et véritable propriétaire du peuple retenu en captivité avait inscrit dans l'appel qu'il lui avait adressé, lequel se caractérisait par son grand attachement à ce peuple et son engagement par rapport à la promesse qu'il avait faite à ses pères, Abraham, Isaac et Jacob.

Réf bibliques : Exode : 3 V 8 ; Actes : 7 V 17, 34.

Je suis descendu pour le délivrer de la main des égyptiens et pour le faire monter de ce pays pour un bon et vaste pays, dans un pays où coulent le lait et le miel, dans les lieux qu'habitent les Cananéens, les Héthiens, les Amoréens, les Phéréziens, les Héviens et les Jébusiens.

Le temps approcha où devait s'accomplir la promesse que Dieu avait faite à Abraham, et le peuple s'accrut et se multiplia en Egypte.

J'ai vu la souffrance de mon peuple qui est en Egypte, j'ai entendu ses gémissements, et je suis descendu pour le délivrer.

Maintenant, va, je t'enverrai en Egypte.

A partir donc du contenu des versets ci-dessus, nous avons le rappel de la raison principale pour laquelle l'ange de l'Eternel Dieu s'était apparu à Moïse en tant que descendant de la tribu de Lévi pour l'utiliser comme instrument de service ministériel et l'associer à son projet relatif à la délivrance et la libération de son peuple jusque-là, retenu captif sur le territoire égyptien.

Il faut ajouter que la mission de cet homme en la personne de Moïse, ne se limitera pas seulement à la délivrance du peuple de son territoire de captivité, mais de le conduire après cette étape à effectuer un important parcours de marche pour le faire découvrir un nouveau territoire du nom de Canaan, estimé, territoire du repos, où couleraient le lait et le miel, lequel d'ailleurs faisait objet de promesse de Dieu au profit de leur arrière grand-père Abraham.

C'est le lieu de rappeler que durant cette première étape de la mission, le serviteur de Dieu, le prophète Moïse, associé à son frère Aaron, ne seront que des instructions humains aux mains de l'Eternel Dieu, qui s'occupera lui-même en personne du début de l'opération de délivrance de son peuple jusqu'à sa fin.

Ce qui avait été effectivement fait avec succès, et conformément à sa volonté, c'est à dire de manière à en tirer toute la gloire nécessaire.

Mais ce serviteur de Dieu, caractérisé par la faiblesse à cause de sa nature corrompue par le péché, et la colère violente héritée de son père Lévi, ne réussira pas à être à la hauteur de l'enjeu, mais fléchira devant l'épreuve de sa personnalité face à l'objectif du ministère pour lequel il avait été choisi.

Ainsi, il fera preuve de légèreté dans sa gestion du peuple au-devant duquel il avait été élevé comme Dieu, et considéré en tant que tel, et cela conformément aux mesures conséquentes prises par sa majesté, le Dieu d'Abraham, d'Isaac et de Jacob dans le cadre de sa marche relationnelle avec le croyant pécheur.

Il sera donc remarqué qu'en lieu et place du salut que lui et ses frères qui pour la circonstance lui étaient associés, étaient sensés apportés au peuple, c'est la mort qu'ils lui avaient finalement donnée.

Ainsi, sans faire recours à l'Eternel Dieu, le légitime propriétaire du peuple, le prophète Moïse animé d'un zèle amer et cruel, allait décider de son propre chef du sort dudit peuple, et environ, trois mille âmes seraient exécutées sans aucune possibilité de défense ou de plaidoirie.

Et c'est après cet acte ignoble et insensé auquel il avait associé ses frères, qu'il allait se lever pour appeler le reste du peuple à la sanctification comme condition de préparation pour que leur cas soit amené à titre consultatif devant l'autorité de l'Eternel Dieu, le juste juge.

Ce qu'il y a lieu de retenir de cette histoire est que l'épée utilisée par Moïse et ses frères qui lui étaient associés, suivant le contexte est un mot pour désigner la parole de Dieu, et son usage correspond à sa prédication selon que la parole de Dieu sans le Saint-Esprit n'est qu'un instrument de destruction et de tuerie de quiconque la reçoit.

Toutefois, cette première expérience ministérielle du serviteur de l'Eternel le prophète Moïse ne sera non plus la dernière puisque les saintes écritures nous en fourniront davantage surtout avec un ministère dont l'exercice allait s'étendre sur une quarantaine d'années.

Et durant ce ministère exercé sous son leadership, il n'y avait que l'enregistrement de perte des âmes, et cela pour plusieurs raisons dont nous ne saurions tout énumérées à cette occasion, mais l'une sera le défaut de gestion de sa colère, laquelle d'ailleurs avait écourté sa mission et le disqualifier pour la suite du ministère.

Réf bibliques : Deutéronome : 32 V 48 - 52.

Ce même jour, l'Eternel parla à Moïse, et dit :

Monte sur cette montagne d'Abarim, sur le mont Nebo, au pays de Moab, vis à vis de Jéricho ; et regarde le pays de Canaan que je donne en propriété aux enfants d'Israël.

Tu mourras sur la montagne où tu vas monter, et tu seras recueilli auprès de ton peuple, comme Aaron, ton frère, est mort sur la montagne de Hor et a été recueilli auprès de son peuple.

Parce que vous avez péché contre moi au milieu des enfants d'Israël, près des eaux de Meriba, à kadès, dans le désert de Tsin et que vous ne m'avez point sanctifié au milieu des enfants d'Israël.

Tu verras le pays devant toi ; mais tu n'entreras point dans le pays que je donne aux enfants d'Israël.

Et voilà ci-dessus en contenu détaillé ces quelques versets lesquels témoignent de la fin de vie ministérielle de cet homme, serviteur et prophète de Dieu, qui avait été puissamment utilisé comme bras de l'Eternel pour exercer de grands jugements sur le peuple oppresseur égyptien et servir à la délivrance du peuple d'Israël par usage et à son actif, de grands miracles ; des signes et prodiges, non seulement sur le territoire de l'Egypte, mais aussi hors de ce territoire dont le passage à travers la mer rouge par exemple.

Il finira par une décision sentencieuse de l'Eternel Dieu caractérisée par la médiocrité et l'échec de sa mission malgré tous les témoignages, même les grands témoignages qui en sont rattachés.

Et cela était important, voir très important de le souligner, vu son statut de personnage représentant tous les serviteurs de Dieu ayant exercé et continuent même de le faire, sous l'autorité et la direction de la loi de l'interdit, encore appelée, la loi du péché et de la mort, et reste en elle-même, la personne de Dieu juste en laquelle il n'y a point ni miséricorde ni pardon, mais que de réparation de tords causés envers autrui ; Dieu ou les choses de Dieu, et cela par des dispositions distinctement appropriées et bien définies. Et ainsi, nous mettons fin au développement du chapitre relatif au faux ministère de Dieu.

Chapitre : 4

Etude du vrai ministère de Dieu.

A présent le développement du chapitre relatif au vrai ministère de Dieu de notre livre.

Et comme dans le cas précédent, il nous revient d'utile de rappeler que le qualificatif des différents ministères repose non sur la personne de Dieu en qui il n'y a ni changement ni ombre de variation pour l'amener à s'opposer à lui-même, mais plutôt sur les acteurs et plus précisément la nature ou l'état spirituel des croyants ayant à charge de conduire les différents ministères.

Réf bibliques : Jacques : 1 V 17.

Toute grâce excellente et tout don parfait descendent d'en haut, du Père des lumières, chez lequel il n'y a ni changement ni ombre de variation.

Et c'est du contenu de ce verset ci-dessus que nous confirmons que l'Eternel Dieu reste égal à lui-même et ne saurait être influencé par quoique ce soit, surtout qu'il reste le créateur de l'univers tout entier.

Sa décision par conséquent, s'impose à tout, et non, l'inverse.

Il s'élève par sa justice au-dessus de tout et ne peut être jugé par quoique ce soit malgré la diversité de ses innombrables œuvres, en occurence, les humains qu'il avait créé avec beaucoup de dispositions dont la liberté et la supériorité, pour ne citer que celles-là.

Et comme nous le disions tantôt, la qualité véritable de ce ministère devrait passer par la personnalité de celui à qui allait revenir le pouvoir et devoir à l'initiation de tel relation ministérielle.

Qu'il nous souvienne que la connaissance du péché par l'homme le présentait désormais dans un état de malade devant l'Eternel Dieu son créateur,

Ainsi, le premier ministère au sujet duquel nous venons de dire pas mal de choses, allait s'occuper de la guérison de l'âme ou de la chair de l'homme quoique demeurant dans un état de mort spirituel le principal domaine de sa déconnexion d'avec Dieu.

Ce ministère devrait essuyer d'échec parce qu'allant en contre sens de l'ordre directionnel de l'Eternel Dieu le créateur de l'homme, selon que tout mouvement entre Dieu et l'homme est sensé commencer et passer obligatoirement par le domaine de l'esprit, et toute autre tentative d'initiation correspondrait à son échec.

Et c'est bien le processus qui avait caractérisé le premier ministère pour que son échec ne soit plus étonnant malgré les bonnes volontés et œuvres dont avaient fait preuve, ceux qui avaient été admis à l'exercice de ce premier ministère de Dieu qualifié de faux.

Cependant, pour l'initiation du nouveau ministère et en vu de l'intérêt qui y est rattaché, un nouveau Adam, opposé par nature à l'ancien qui, ayant connu le péché, avait transmis par héritage cette nature corrompue à toute la race humaine laquelle tirait de lui, son existence, lui, le premier homme que Dieu a créé et formé sur la terre.

Réf bibliques : Romains : 5 V 14 ; 1 Corinthiens : 15 V 45 - 46 - 47.

Cependant, la mort a régné depuis Adam jusqu'à Moïse, même sur ceux qui n'avaient pas péché par une transgression semblable à celle d'Adam, lequel est la figure de celui qui devait venir.

C'est pourquoi il est écrit : Le premier homme, Adam , devint une âme vivante. Le dernier Adam est devenu un esprit vivifiant.

Mais ce qui est spirituel n'est pas le premier, c'est ce qui est animal ; ce qui est spirituel vient ensuite.

Le premier homme, tiré de la terre, est terrestre ; le second homme est du ciel.

Nous notons ainsi à partir du contenu des versets ci-dessus la réalité liée à l'existence des deux deux types d'Adam dont le premier, par la connaissance du péché, allait découvrir la vie charnelle laquelle repose sur son âme et l'a ainsi maintenu dans son état de mort spirituel, séparer et déconnecter de Dieu, lui qui définit toujours sa relation à partir du domaine de l'esprit.

Tous les hommes sur la terre, s'identifiront à ce premier Adam par la nature charnelle occasionnée par la connaissance du péché, et par conséquent, demeureront en inimitié ou en divorce d'avec l'Eternel Dieu leur créateur.

Ils étaient, conformément à la loi, tous maintenus sous la malédiction et privés de la gloire de leur Dieu, laquelle correspondait à ses pensées et ses voies au profit de la terre.

Mais puisqu'il avait prévu faire de l'homme, l'élément central et le cœur de tout ce qui concerne et implique son projet d'adoration terrestre, et vu l'état d'incompatibilité relationnelle découvert par ce dernier par sa connaissance du péché, une approche de solution alternative allait s'imposer pour annoncer la restauration de l'homme.

Cette approche de solution alternative sera provisoire, et s'ouvrira à de divers types d'offrandes et de sacrifices lesquels seront imposés comme élément de réparation des différents tords causés à autrui ou à l'égard de Dieu et précisément, les choses allouées à son service ou ministère, nous croyons avoir suffisamment épongé ces différents aspects dans les précédents développements.

On parlera à l'occasion des sacrifices journaliers lesquels correspondent à la gestion de la vie communautaire de chaque jour, c'est à dire entre frères et sœurs liés par l'alliance.

Mais à côté de cela, existera un autre sacrifice légalement supérieur au précédent, qualifié d'annule et qui s'observe une seule fois l'an, et cela au nom de toute la communauté, toute catégorie confondue.

Il faut rappeler que tout cela était inclus dans le premier ou le faux ministère de Dieu parce qu'incapable d'atteindre l'objectif prévu, celui d'assurer le salut des observants ou les croyants.

Et puisque ce qui est provisoire ne saurait durer dans le temps, et servir de garantie pour un avenir prometteur, l'Eternel Dieu allait penser à la solution définitive laquelle passera par l'offrande sacrificielle de son unique, l'agneau de Dieu sans taches et sans défauts destiné pour répondre une fois de bon et pour toute à la question du péché à laquelle le premier ministère en étude, ou le ministère charnel n'avait pu répondre malgré tous les investissements dont il a tout le temps bénéficié.

Réf bibliques : Mathieu : 1 V 18, 20 - 21, 23 ; Galates : 4 V 4 - 5.

Voici, de quelle manière arriva la naissance de Jésus-Christ.

Marie, sa mère, ayant été fiancée à Joseph, se trouva enceinte par la vertu du Saint-Esprit, avant qu'ils eussent habité ensemble.

Comme il y pensait, voici, un ange du Seigneur lui apparut en songe, et dit : Joseph, fils de David, ne crains pas de prendre avec toi Marie, ta femme, car l'enfant qu'elle a conçu vient du Saint-Esprit.

Elle enfantera un fils, et tu lui donneras le nom de Jésus ; c'est lui qui sauvera son peuple de ses péchés.

Voici, la vierge sera enceinte, elle enfantera un fils.

Et on lui donnera le nom d'Emmanuel, ce qui signifie Dieu avec nous.

Mais, lorsque les temps ont été accomplis, Dieu a envoyé son Fils, né d'une femme, né sous la loi, afin qu'il racheta ceux qui étaient sous la loi, afin que nous reçussions l'adoption.

Nous découvrons à partir du contenu des versets ci-dessus un ensemble d'éléments communiquant sur ce que le puissant bras de l'Eternel allait pourvoir en réponse au rachat ou au salut de l'homme, qui jusque-là était toujours retenu esclave du péché, de la mort et du diable, donc incapable, quelque soit ses bonnes intentions de réussir à faire la volonté de l'Eternel Dieu son créateur, sans au préalable, connaître la délivrance et la liberté.

On notera également l'existence d'une prophétie relative à la naissance d'un fils qui naîtra des sein d'une vierge, et précisément avec l'aide du Saint-Esprit dont l'accomplissement correspondra à ce que Dieu est avec l'homme.

Si on devrait en tenir à cette prophétie qui datait de très longtemps, et finira par s'accomplir au temps fixé par le souverain Dieu, il revient de souligner que Dieu n'était plus avec l'homme et plus précisément avec le peuple qui était appelé de son nom et duquel d'ailleurs les différents et multitudes ouvriers admis au ministère divin sortaient.

Ce qui confirme au passage que ceux-là étaient au service de Dieu dans un ministère lequel ne jouissait de la présence et de la bénédiction de ce Dernier quoique portant son nom et dans un courant d'adoration supposée en son honneur, autrement, on ne parlera pas de ce Dieu qui sera avec l'homme à l'accomplissement de la prophétie et cela dans ses fins détails.

Mais par référence au contenu des versets ci-dessus, nous découvrons l'accomplissement de ladite prophétie, laquelle aboutira à la naissance du Fils de Dieu, l'unique qui est dans son sein, et qui sera envoyé dans le monde en qualité d'agneau de Dieu sans taches et sans défauts, livré en rançon sur l'exigence et à la demande de la loi comme sacrifice ultime et unique pour servir à la délivrance et la libération des hommes en général et les croyants en particulier.

Cette œuvre du Fils de l'homme, bien et parfaitement exécutée et achevée au travers de son passage à la croix pour aboutir à sa résurrection allait déboucher sur un nouveau ministère de Dieu considéré du vrai et du véritable, et exercé par une nouvelle génération d'adorateurs ou de ministres de Dieu dans un état régénéré et dans une conscience de pureté, de sainteté et de justice basées non plus sur la croyance, mais plutôt sur la foi en Jésus-Christ.

On parlera très prochainement de la naissance de l'église laquelle correspondra à la vie de communauté et d'adoration de l'ensemble des hommes et des femmes ayant opté pour la nouvelle naissance en Dieu par l'acceptation de l'œuvre de la rédemption de l'agneau de Dieu, le seigneur et sauveur Jésus-Christ.

Réf bibliques : Romains 5 V 18 ; 2 Corinthiens : 5 V 21 ; 1 Pierre : 2 V 9.

Ainsi donc, comme par une seule offense la condamnation a atteint tous les hommes, de même par un seul acte de justice la justification qui donne la vie s'étend à tous les hommes.

Celui qui n'a point connu le péché, Dieu l'a fait devenir péché pour nous, afin que nous devenions en lui justice de Dieu.

Vous, au contraire, vous êtes une race élue, un sacerdoce royal, une nation sainte, un peuple acquis, afin que vous annonciez les vertus de celui qui vous a appelés des ténèbres à son admirable lumière.

Et voici en contenu détaillé ci-dessus, ces versets lesquels nous informent sur quelques uns des résultats produits par l'œuvre de rédemption de l'agneau de Dieu, le seigneur et sauveur Jésus-Christ.

Lui qui avait été conçu non de la liaison naturelle entre un homme et une femme conformément au mode progénitale animale, mais de la manifestation du Saint-Esprit afin d'être préservé de la semence corrompue du péché lequel se transmettait par héritage du père au fils.

Celui-ci naîtra saint et juste de nature quoique gardé dans les seins d'une femme, et cela était nécessaire, voir inconditionnel pour pouvoir répondre de la vie des pécheurs lesquels étaient restés en l'état malgré les multiples sacrifices offerts et la quantité de sang des animaux, versés pour tenter sans succès de leur assurer le salut des âmes.

Réf bibliques : Hébreux : 10 V 4 - 10.

Car il est impossible que le sang des taureaux et des boucs ôté les péchés.

C'est pourquoi Christ, entrant dans le monde, dit :

Tu n'as voulu ni sacrifice ni offrande ;

Mais tu m'as formé un corps ;

Tu n'as agréé ni holocaustes ni sacrifices pour le péché

Alors j'ai dit : Voici, je viens ;

Dans le rouleau du livre, il est question de moi, pour faire, ô Dieu, ta volonté.

Après avoir dit d'abord :

Tu n'as voulu et tu n'as agréé ni sacrifices ni offrandes, ni holocaustes ni sacrifices pour le péché, ce qu'on offre selon la loi.

Il dit ensuite :

Voici, je viens , pour faire ta volonté.

Il abolit ainsi la première chose pour établir la seconde.

C'est en vertu de cette volonté que nous sommes sanctifiés, par l'offrande du corps de Jésus-Christ, une fois pour toutes.

A présent, en détaillé, le contenu des versets ci-dessus lesquels témoignent de l'importance, au mieux, la qualité ou la valeur combien hautement supérieure se présente le sacrifice offert par le Fils unique et agneau de Dieu au moyen de son propre corps c'est à dire sa chair sur l'autel de la croix pour rendre désormais possible de délivrance de l'homme, par sa victoire sur le péché, le diable, et par sa résurrection, sur la mort pour enfin aboutir à la moisson d'une nouvelle génération d'adorateurs de Dieu, lesquels auront en partage la nature sainte et juste de Dieu désormais leur Père et participeront à la nouvelle vie d'adoration selon l'esprit et la vérité.

Réf bibliques : Jean : 4 V 20 - 24.

Nos pères ont adoré sur cette montagne ; et vous dîtes, vous, que le lieu où il faut adorer est à Jérusalem.

Femme, lui dit Jésus, crois-moi, l'heure vient où ce ne sera ni sur cette montagne ni à Jérusalem que vous adorerez le Père,

Vous adorez ce que vous ne connaissez pas ; nous, nous adorons ce que nous connaissons, car le salut vient des juifs.

Mais l'heure vient et elle est déjà venue, où les vrais adorateurs adoreront le Père en esprit et en vérité ; car ce sont là les adorateurs que le Père demande.

Dieu est Esprit, et il faut que ceux qui l'adorent l'adorent en esprit et en vérité.

Et voilà ce que le bras de l'Eternel a accompli de manière à confondre toutes les idéologies religieuse issues de la même descendance d'Abraham, d'Isaac et de Jacob, en les délivrant de la fausse adoration de Dieu basée sur la relation charnelle portée par le ministère du péché dans lequel il n'avait jamais siégé quoique portant son nom, afin de les ramener à l'authentique, laquelle va redonner vie à l'esprit de l'homme par un processus de réconciliation de celui-ci avec son Seigneur et son Dieu, et par-dessus tout, son Père.

Et tel que le premier ministère de Dieu qualifié du faux ministère de Dieu avait été fondé sur la loi de l'interdit ou la loi du péché et de la mort, un nouveau ministère trouvera jour et sera fondé sur la loi de la liberté ou la grâce.

Ce ministère sera considéré comme le vrai et le véritable ministère de Dieu et sera basé sur le message de la réconciliation de l'homme captif du péché avec le Dieu saint, juste et parfait.

On parlera de l'Evangile de Dieu pour les hommes de toutes langues, de toutes races et de toutes tribus pour l'érection de l'église de Dieu ou la nation juste de Dieu.

De la doctrine de ce nouveau ministère, on notera de profondes réformes ayant vocation à assurer vraiment la liberté du croyant dans une conscience détachée des œuvres de la loi de l'interdit pour la foi ou la loi de la liberté ou la grâce.

Et pendant que de divers sacrifices et offrandes étaient exigés par la loi pour servir à procurer la purification ou la pureté de la chair ou de l'âme du croyant, sans jamais y parvenir, la foi en la seule et unique œuvre de rédemption du seigneur et sauveur Jésus-Christ suffit désormais très largement pour répondre à cette question de vie et d'importance très capitale.

Réf bibliques : Lévitique : 16 V 29 - 34.

C'est ici pour vous une loi perpétuelle ; au septième mois, le dixième jour du mois, vous humilierez vos âmes, vous ne ferez aucun ouvrage, ni l'indigène, ni l'étranger qui séjourne au milieu de vous.

Car en ce jour on fera l'expiation pour vous, afin de vous purifier ; vous serez purifiés de tous vos péchés devant l'Eternel.

Ce sera pour vous un sabbat, un jour de repos, et vous humilierez vos âmes. C'est une loi perpétuelle.

L'expiation sera faite par le sacrificateur qui a reçu l'onction et qui a été consacré pour succéder à son père dans le sacerdoce ; il se revêtira des vêtements de lin, des vêtements sacrés.

Il fera l'expiation pour le sanctuaire de sainteté, il fera l'expiation pour la tente d'assignation et pour l'autel, et il fera l'expiation pour les sacrificateurs et pour tout le peuple de l'assemblée.

Ce sera pour vous une loi perpétuelle ; il se fera une fois chaque année l'expiation pour les enfants d'Israël, à cause de leurs péchés.

On fit ce que l'Eternel avait ordonné à Moïse.

Ainsi, se présente le contenu des versets ci-dessus lesquels témoignent des dispositions prévues par la loi du péché et de la mort ou la loi de l'interdit, afin d'inspirer au cœur et à la conscience des croyants d'autrefois, retenus captifs du péché et demeurés dans une approche relationnelle avec Dieu par l'adoration charnelle, laquelle était couverte par le ministère lévitique qualifié de celui de faux ministère de Dieu.

C'est le lieu de rappeler que cette observation sacrificielle qualifiée par endroit de fête annuelle juive, revêtait autre sens dont celui de préparer la conscience des adorateurs pécheurs à l'événement prophétique relatif au sacrifice du Fils unique de Dieu en qualité d'agneau sans taches et sans défauts, livré en rançon conformément à l'exigence de la loi pour répondre une fois pour de bon à la question du péché sur la vie des hommes en général et les croyants en particulier.

Mais lorsque les temps définis par le Père seront accomplis, des réformes profondes et significatives auront lieu, et tout ce qui se faisait chaque année de manière à maintenir le souvenir des péchés par une conscience d'imperfection, passera de l'image ou d'ombre à la réalité et cette fois, une et une seule fois pour toute et pour quiconque l'accepte.

Réf bibliques : Jean : 15 V 3 ; Galates : 2 V 16, 20 - 21.

Déjà vous êtes purs, à cause de la parole que je vous ai annoncée.

Néanmoins, sachant que ce n'est pas par les œuvres de la loi que l'homme est justifié, mais par la foi en Jésus-Christ, nous aussi nous avons cru en Jésus-Christ, afin d'être justifiés par la foi en Christ et non par les œuvres de la loi, parce que nulle chair ne sera justifiée par les œuvres de la loi.

J'ai été crucifié avec Christ ; et si je vis, ce n'est plus moi qui vis, c'est Christ qui vit en moi ; si je vis maintenant dans la chair, je vis dans la foi au Fils de Dieu, qui m'a aimé et qui s'est livré lui-même pour moi.

Je ne rejette pas la grâce de Dieu ; car si la justice s'obtient par la loi, Christ est donc mort en vain.

Et c'est ce que témoigne le contenu des versets ci-dessus concernant les réformes qui avaient été engagées par le Père dans le processus relatif au salut des âmes des croyants qui étaient regardés comme des victimes aux yeux du Père, et qui se débattaient peigne et ongles sans jamais parvenir à se délivrer eux-mêmes de la captivité du péché, encore moins du diable et enfin de l'autorité de la loi pour prétendre acquérir leur salut.

Mais ils seront désormais gratuitement justifiés, ce qui correspondra à un état d'esprit et de vie triomphante et victorieuse sur le péché au moyen de l'accomplissement de la loi, et cela par leur foi en l'œuvre salvatrice et rédemptrice du seigneur et sauveur Jésus-Christ.

Mais pour ce qui concerne le vrai ministère de Dieu puisque c'est de cela qu'il s'agit, il convient de souligner que l'exercice de ce ministère repose sur l'autorité du Saint-Esprit, comme personne de Dieu habilité à l'organisation, à la gestion et à la direction dudit ministère et non sur des choses d'ordre purement matériel et légal.

Il faut souligner que ce ministère, comme nous le disions tantôt repose sur l'amour, précisément l'amour du prochain un peu comme prenant l'un pour le gardien de l'âme de l'autre, c'est d'ailleurs l'acte qui avait caractérisé l'engagement personnel et volontaire du sauveur Jésus-Christ en faveur de l'homme.

C'est pourquoi la plupart des conseils et enseignements par lesquels le seigneur et sauveur Jésus-Christ entretenait ses disciples pendant qu'il était encore sur la terre, ne reposait que sur l'amour à l'image de lui-même qui s'était donné pour tous les hommes en général et eux qui étaient autour de lui en particulier afin de les délivrer du péché et de la colère à venir.

Réf bibliques : Jean : 3 V 16 - 17, 36 ; 1 Jean : 4 V 7 - 9, 11.

Car Dieu a tant aimé le monde qu'il a donné son Fils unique, afin que quiconque croit en lui ne périsse point, mais qu'il ait la vie éternelle.

Dieu, en effet, n'a pas envoyé son Fils dans le monde pour qu'il juge le monde, mais pour que le monde soit sauvé par lui.

Celui qui croit au Fils à la vie éternelle ; celui qui ne croit pas au Fils ne verra point la vie, mais la colère de Dieu demeure sur lui.

Bien-aimés, aimez-vous les uns les autres ; l'amour est de Dieu, et quiconque aime est né de Dieu et connaît Dieu.

Celui qui n'aime pas n'a pas connu Dieu ; car Dieu est amour.

L'amour de Dieu a été manifesté envers nous en ce que Dieu a envoyé son Fils unique dans le monde, afin que nous vivions par lui.

Bien-aimés, si Dieu nous a ainsi aimé, nous devons aussi nous aimer les uns les autres.

Du contenu des versets ci-dessus, nous pouvons aisément nous faire l'idée de combien si importante représente la place qu'occupe l'amour dans ce ministère de Dieu, lequel d'ailleurs constitue sa base de définition.

Mais ça ne s'arrêtera en si bon chemin, puisqu'il a fallu au Seigneur de gloire de faire preuve d'amour afin de pouvoir arracher les hommes du jugement et de la colère.

Et son Fils unique, qui était dans son sein, et dont il s'était séparé malgré son grand attachement à lui pour le livrer en rançon afin d'assurer le salut des âmes des croyants, est le symbole de son amour lequel avait été réellement manifesté que pour la première fois à cette seule et unique occasion, celle d'assister sans avis contraire, à la souffrance, à l'humiliation et à la mort de la croix de son Fils unique.

Ce ministère consiste aussi à se lever et aller prêcher la bonne nouvelle de la réconciliation offert par Dieu en Jésus-Christ, à tous les hommes sans distinction aucune, et par autre motivation quelconque que l'amour du prochain.

C'est le lieu de souligner également que l'un des précieux acquis de ce ministère correspond au pardon gratuit et gracieux obtenu de l'Eternel Dieu et la liberté de pardonner et de se faire pardonner sans aucune exigence sacrificielle comme ce fut le cas avec la loi.

Réf bibliques : Luc : 1 V 77 ; Actes : 10 V 43 ; Héb : 10 V 18 ; Jacq : 5 V 16.

Afin de donner à son peuple, la connaissance du salut par le pardon de ses péchés.

Tous les prophètes rendent de lui le témoignage que, quiconque croit en lui, reçoit par son nom le pardon des péchés.

Or, là où il y a pardon des péchés, il n'y a plus d'offrande pour le péché.

Confessez donc vos péchés les uns aux autres, et priez les uns pour les autres afin que vous soyez guéris.

La prière fervente du juste a une grande efficacité.

A partir donc du contenu des versets ci-dessus, lesquels témoignent du pouvoir exercé par l'œuvre de la croix du seigneur et sauveur Jésus-Christ sur le péché, nous pouvons constater combien, les obstacles d'ordre religieux avaient été levé pour faciliter désormais la relation interpersonnelle laquelle était continuellement confrontée à la réalité des différentes offrandes prescrites par la loi afin de permettre un quelconque pardon lequel ne relevait pas du pouvoir de l'homme surtout que celui-ci était demeuré captif du péché et par conséquent maintenu sous la malédiction.

Et la question du péché constituait un sujet d'une importance très capitale vu le caractère inflexible et sans miséricorde de la loi laquelle restait la gouvernante et la coordinatrice par excellence de tout le fonctionnement du ministère charnel ou péché lequel avait occupé notre précédent chapitre.

Ceci dénote que le nom du seigneur Jésus-Christ, n'est pas un nom limité à l'appellation, mais plutôt, la personne ou l'esprit qu'incarne ledit nom était la garantie du pardon des péchés ou offenses lesquelles étaient portées par le péché lui-même c'est à dire celui découvert par le premier homme Adam et qui correspond à une semence ou une personne spirituelle ayant intégré la vie de l'homme pour avoir cru par acceptation à la voix du diable ou Satan.

Et c'est d'ailleurs cet aspect du péché qui était le plus préoccupé par l'œuvre de la rédemption du seigneur Jésus-Christ, et qui allait nécessiter que l'homme en tant que croyant pécheur soit identifié en la mort ; l'ensevelissement et le résurrection du seigneur et sauveur Jésus-Christ pour la connaissance de la nouvelle naissance désormais à l'image et la ressemblance de Dieu et ce sera la réconciliation de l'homme avec Dieu.

Il faut souligner que nous avons beaucoup de choses à dire sur ces sujets et des points parfois difficiles à comprendre pour défaut de croissance spirituelle ou de connaissance de l'évangile de Dieu de plusieurs des croyants ayant conservé leur conscience de péché et en cela ne parviennent pas à la véritable nouvelle naissance ou la naissance en Dieu.

Cependant, l'Eternel Dieu reste fidèle à son engagement vis à vis de l'homme en général et le croyant en particulier pour la naissance ; la croissance et la prospérité de son église.

Voilà pourquoi, il nous revient d'intéressant de nous référer aux écrits suivants.

Réf bibliques : Actes : 4 V 32 - 35 ; 12 V 1 - 5..

La multitude de ceux qui avaient cru n'était qu'un cœur et qu'une âme.

Nul ne disait que ses biens lui appartinssent en propre, mais tout était commun entre eux.

Les apôtres rendaient avec beaucoup de force témoignage de la résurrection du Seigneur Jésus.

Et une grande grâce reposait sur eux tous.

Car il n'y avait parmi eux aucun indigent : tous ceux qui possédaient des champs ou des maisons les vendaient, apportaient le prix de ce qu'ils avaient vendu, et le déposaient aux pieds des apôtres ; et l'on faisait des distributions à chacun selon qu'il en avait besoin.

Vers le même temps, le roi Hérode se mit à maltraiter quelques membres de l'Eglise, et il fit mourir par l'épée Jacques, frère de Jean.

Voyant que cela était agréable aux juifs, il fit encore arrêter Pierre.

C'était pendant les jours des pains sans levain.

Après l'avoir saisi et jeté en prison, il le mit sous la garde de quatre escouades de quatre soldats chacune, avec l'intention de le faire comparaître devant le peuple après la Pâque.

Pierre donc était gardé dans la prison ; et l'Eglise ne cessait d'adresser pour lui des prières à Dieu.

A partir du contenu des versets ci-dessus, nous découvrons encore la vie de l'Eglise laquelle ne repose pas sur un quelconque édifice ou un emplacement de type religieux pour la convergence des croyants nés de nouveau, mais plutôt par une vie associative sur la forme comme dans le fond c'est à dire dans une approche familiale où l'intérêt du prochain était priorisé sur celui personnel, ce qui facilitait d'ailleurs les dons et les partages dans un atmosphère de convivialité et de festivité au nom du Seigneur Jésus.

Il faut ajouter que les croyants par leur vie d'ensemble, formait un seul corps et une seule âme de sorte que les difficultés des uns impliquaient et concernaient directement la vie des autret et la preuve en était par exemple le cas de l'arrestation judiciaire de l'apôtre Pierre, qui pendant son séjour sans défense en prison, le reste de l'effectif de l'Eglise s'exerçait à la prière en sa faveur, ce qui n'avait pas manqué de produire ses fruits et donner son résultat.

Et cela paraissait important voir très important de le souligner puisque plusieurs de nos jours, prennent et continuent de prendre l'Eglise pour un édifice religieux dans lequel il faudra impérativement s'y retrouver pour s'assurer de la présence de Dieu, ignorant éperdument que, l'acceptation du seigneur et sauveur Jésus-Christ dans son œuvre de rédemption confère à quiconque le pouvoir de fils adoptif de Dieu en Christ, lequel se prolonge au statut d'héritier et de justice de Dieu.

Et tout cela devient possible grâce au Saint-Esprit que le croyant né de nouveau aura reçu, lequel est la personne de Dieu habilité à le rendre capable de vivre la nature de Dieu désormais son Père, en faisant sa volonté à multiples dimensions.

Réf bibliques : Jean : 1 V 12 - 13 ; 14 V 16 - 17 ; Galates : 4 V 6 - 7.

Mais à tous ceux qui l'ont reçue, à ceux qui croient en son nom, elle les a donné le pouvoir de devenir enfants de Dieu, lesquels sont nés, non du sang, ni de la volonté de la chair, ni de la volonté de l'homme, mais de Dieu

Et moi, je prierai le Père, et il vous donnera un autre consolateur, afin qu'il demeure éternellement avec vous.

l'Esprit de vérité que le monde ne peut recevoir, parce qu'il ne le voit point, et ne le connaît point, mais vous, vous le connaissez, car il demeure avec vous, et il sera en vous.

Et parce que vous êtes fils, Dieu a envoyé dans nos cœurs l'Esprit de son Fils, lequel crit : Abba Père !

Ainsi, tu n'es plus esclave, mais fils. Et si tu es fils, tu es aussi héritier par la grâce de Dieu.

Et voilà en contenu le détaillé des versets ci-dessus, lesquels mettent un accent sur ce que devient chaque croyant ayant mis sa foi dans l'œuvre de la rédemption du seigneur et sauveur Jésus-Christ et dont la vie spirituelle d'ensemble sera qualifiée d'église de Dieu.

Il peut arriver que l'église se retrouve ou se réunit dans des bâtiments et s'en servir comme un abri permanent ou de circonstance puisqu'il le fallait aussi pour se préserver des intempéries telles que, les effets directs de la pluie ; du soleil et autres alléas climatiques.

Cependant, ces différents abris de grandes importances et d'utilité ne conditionnent point la définition de l'église comme nous l'avions souligner un peu plus haut.

Il faut à l'occasion souligner que le ministère de Dieu qualifié de vrai ou du véritable est réservé à l'église et correspond à l'adoration de Dieu en esprit et en vérité, c'est à dire, s'élevant depuis des cœurs régénérés et habités par le Saint-Esprit, gage de la réconciliation de l'homme ou du croyant avec Dieu.

Le Saint-Esprit est encore appelé, l'Esprit de vérité, comparativement aux différentes doctrines portées par le ministère charnel dont le lévitique par exemple.

Toutefois, ce qui paraît encore de grande utilité à souligner dans ce contenu de versets, est que seuls aux fils est réservée l'adoration à travers l'église, lesquels autrefois, étaient des esclaves quoique se vantant de tout à cause de la grande ignorance qui occupait leurs cœurs.

Ceux-ci sont alors affranchis de la servitude par leur foi en l'œuvre salvatrice et rédemptrice du seigneur et sauveur Jésus-Christ et précisément dans sa résurrection pour former un même corps que lui, et c'est bien ce corps qui sera qualifié d'église de Dieu ou de Jésus-Christ.

L'église est alors par définition, le corps de Christ pour servir à l'adoration de Dieu en esprit et en vérité.

Réf bibliques : Jean : 4 V 21 - 25.

Femme, lui dit Jésus, crois-moi, l'heure vient et elle est déjà venue où ce ne sera ni sur cette montagne ni à Jérusalem que vous adorerez le Père.

Vous adorez ce que vous ne connaissez pas ; nous, nous adorons ce que nous connaissons, car le salut vient des juifs.

Mais l'heure vient, et elle est déjà venue, où les vrais adorateurs adoreront le Père en esprit et en vérité ; car ce sont là les adorateurs que le Père demande.

Dieu est Esprit, et il faut que ceux qui l'adorent, l'adorent en esprit et en vérité.

Et voilà à partir du contenu des versets ci-dessus, la démonstration tendentieuse du seigneur Jésus un peu avant son passage à la croix, à inculquer une nouvelle dynamique dans la mentalité et dans la conscience de ceux qui croisaient son chemin, en essayant de les persuader à séparer les lieux et objets symboliques relevant de la pratique idolâtrique à laquelle, les premiers ou anciens adorateurs de Dieu, et au travers d'eux, d'autres nations aussi étaient habitués.

Ainsi, le vrai ministère de Dieu repose avant et après tout sur la relation personnelle du croyant régénéré avec l'Eternel Dieu en Jésus-Christ, et cela grâce à l'implication inconditionnelle du Saint-Esprit, encore appelé l'Esprit de Dieu, du Fils ou de vérité, dans une conscience pure, de justice et de sainteté non selon la loi, mais la foi.

Réf bibliques : Philippiens : 3 V 7 - 9 ; Colossiens: 2 V 2 - 3.

Mais ces choses qui étaient pour des gains, je les ai regardées comme une perte, à cause de Christ.

Et même je regarde toutes choses comme une perte à cause de l'excellence de la connaissance de Jésus-Christ mon Seigneur, pour lequel j'ai renoncé à tout, et je les regarde comme de la boue, afin de gagner Christ,

Et d'être trouvé en lui, non avec ma justice, celle qui vient de la loi, mais avec celle qui s'obtient par la foi en Christ, la justice qui vient de Dieu par la foi.

Afin de connaître Christ, et la puissance de sa résurrection, et la communion de ses souffrances, en devenant conforme à lui dans sa mort...

Afin qu'ils aient le cœur rempli de consolation, qu'ils soient unis dans la charité, et enrichis d'une pleine intelligence pour connaître le mystère de Dieu, savoir Christ, mystère dans lequel sont cachés tous les trésors de la sagesse et de la science.

Ainsi se présente le contenu détaillé de ces quelques versets ci-dessus listés, lesquels témoignent de la personne exceptionnelle et hors pair de la personne infiniment indescriptible de Christ, savoir, Jésus de Nazareth, le Fils unique de Dieu, l'emprunt de sa personne, et l'image visible du Dieu invisible, pour servir du seul et unique moyen de réconciliation de l'homme avec Dieu.

Et cela par les souffrances ; la mort à la croix de ce Fils ; son ensevelissement, et sa résurrection d'entre les morts.

Il faut ajouter que l'ensemble de ces différentes informations constitue une dose de connaissances qualifiées d'excellence d'après les mots employés par l'apôtre et cela comparativement à tout ce qui occupait le rang du savoir et des connaissances religieuses et doctrinales restés jusque-là d'actualité.

L'apôtre ne s'arrêtera pas en si bon chemin, mais il poussera davantage le bouchon de manière à présenter le but final de cette œuvre, dont la justification de l'homme ou le croyant de nature pécheresse.

On parlera plutard de l'assemblée des justes, laquelle constitue la véritable église de Dieu en Jésus-Christ où siège en permanence le Saint-Esprit pour la coordination et la direction des différents activités et cultes d'adoration.

Et c'est l'ensemble de ces différents détails qui sera considéré comme le vrai et véritable ministère de Dieu, exercé, non par des croyants pécheurs, mais des justes, et au travers des adorations portées par la conscience de la grâce, et non du mérite.

Chapitre : 5

Etude de la personnalité représentative de chaque ministère.

A présent le développement du chapitre relatif à l'étude des personnalités incarnant les deux différents ministères de Dieu sur lesquels nous travaillons.

Etude du cas de la première personnalité ministérielle. (Moïse).

Sur ce, nous allons commencer notre travail par référence au contenu des versets suivants lesquels paraissent très intéressants pour ouvrir le travail.

Réf bibliques : Mathieu : 17 V 1 - 5 ; Nbres : 12 V 1 - 3, 6 - 8 ; Hbreux : 3 V 5.

Six jours après, Jésus prit avec lui Pierre, Jacques, et Jean, son frère, et il les conduisit à l'écart sur une haute montagne.

Il fut transfiguré devant eux ; son visage resplendit comme le soleil, et ses vêtements devinrent blancs comme la lumière.

Et voici, Moïse et Elie leur apparurent, s'entretenant avec lui.

Pierre, prenant la parole, dit à Jésus : Seigneur, il est bon que nous soyons ici ; si tu le veux, je dresserai ici trois tentes, une pour toi, une pour Moïse, et une pour Elie.

Comme il parlait encore, une nuée lumineuse les couvrit.

Et voici, une voix fit entendre de la nuée ces paroles : Celui-ci est mon Fils bien-aimé, en qui j'ai mis toute mon affection : écoutez-le !

Marie et Aaron parlèrent contre Moïse au sujet de la femme éthiopienne qu'il avait prise, car il avait il avait pris une femme éthiopienne.

Ils dirent : Est-ce seulement par Moïse que l'Eternel parle ? N'est-ce pas aussi par nous qu'il parle ?

Et l'Eternel l'entendit. Or, Moïse était un homme fort patient, plus qu'aucun homme sur la face de la terre.

Et il dit : Ecoutez bien mes paroles ! Lorsqu'il y aura parmi vous un prophète, c'est dans une vision que moi, l'Eternel, je me révélerai à lui, c'est dans un songe que je lui parlerai.

Il n'en est pas ainsi de mon serviteur Moïse. Il est fidèle dans toute ma maison.

Je lui parle bouche à bouche, je me révèle à lui sans énigmes, et il voit une représentation de l'Eternel.

Pourquoi donc n'avez-vous pas craint de parler contre mon serviteur, contre Moïse ?

Pour Moïse, il a été fidèle dans toute la maison de Dieu, comme serviteur, pour témoignage de ce qui devait être annoncé.

A partir du contenu de ces versets ci-dessus, lesquels nous serviront de locomotive pour mieux aborder le travail sur chacune des personnalités, symbole des deux différents ministères à savoir : le serviteur de Dieu, le prophète Moïse et le Fils unique de Dieu, le seigneur et sauveur Jésus-Christ.

Nous allons à cet effet, commencer avec le ministère dit de faux de Dieu, et incarné par le serviteur de l'Eternel Dieu, le prophète Moïse, et ainsi, nous démarrons la première partie de notre développement.

Et comme nous pouvons le constater, cet homme, en la personne de Moïse, sera né dans des conditions plus ou moins tumultueuses et cela à cause d'une décision préventive prise par le roi d'Egypte de cette époque.

Et pour le petit rappel, il faut souligner qu'après avis conseils de son équipe dirigeante, et en vu de prévenir les menaces que leur faisant éprouver le peuple d'Israël lequel n'arrêtait de connaître une croissance démographique hors du contrôle, et qui était présent en esclave au sein de leur communauté égyptienne, le roi Pharaon allait décider de la supression synthétique de vie à tout nouveau-né juif de sexe masculin.

Et ce sera dans ce contexte époustouflant, que naîtra cet enfant, juif des deux parents, et qui sera laissé sur l'eau de fleuve par sa mère, et mystérieusement récupéré par la fille de Pharaon, celle qui l'appellera du nom de Moïse, signifiant l'avoir retiré des eaux.

Cet enfant sera non seulement épargné de la décision extrajudiciaire de Pharaon à cause de l'image de la fille de Pharaon qu'il portait, mais aussi admis à la cour royale pour la découverte suivant sa croissance, d'une nouvelle image, celle du principe égyptien quoique d'origine juive.

Réf bibliques : Actes : 7 V 20 - 22.

A cette époque, naquit Moïse, qui était beau aux yeux de Dieu.

Il fut nourri trois mois dans la maison de son père ; et quand il eut été exposé, la fille de Pharaon le recueillit, et l'éleva comme son fils.

Moïse fut instruit dans toute la sagesse des égyptiens, et il était puissant en paroles et en œuvres.

Et voici en contenu détaillé quelques versets lesquels témoignent en peu de mots sur la vie de l'homme Moïse, qui après quarante ans d'âge, allait se retrouver dans une situation peu reluisante, laquelle allait lui enlever le confort royal et princial dans lequel il grandissait par privilège sur le reste de tous les membres de la communauté juive présente sur le territoire égyptien.

Cet homme devra fuir la redoutable colère de Pharaon en quittant le territoire égyptien et par la connaissance d'une nouvelle aventure, se retrouvera avec l'accueil d'un homme dont il finira par devenir, gendre et berger.

Ainsi, il sera constaté qu'après une quarantaine d'années de vie confortable et plaisante, cet homme finira par se retrouver derrière les troupeaux de son beau-père pour les conduire au pâturage.

Et c'est alors, après une nouvelle quarantaine d'années désormais au service de la bergerie, qu'il fera une rencontre inhabituelle et complètement anormale du point de vue humaine, et ce sera l'appel de l'Eternel Dieu, le Dieu de ses pères, pour lui.

Et ce sera pour lui, l'occasion de réaliser qu'il était alors depuis les premiers jours après sa naissance, dans le processus d'accomplissement de la destinée de l'Eternel Dieu pour sa vie

Ainsi, son mouvement de la cour royale égyptienne pour se retrouver derrière les troupeaux de brebis correspondait à l'acquisition de deux différentes sagesses nécessaires pour lui en vue des défis ministériels auxquels il finira par faire face, conformément à la décision souveraine de l'Eternel Dieu, qui avait à cœur, la délivrance de son peuple de la captivité égyptienne.

Réf bibliques : Actes : 7 V 30 - 34.

Quarante ans plus tard, un ange lui apparut, au désert de la montagne de Sinaï, dans la flamme d'un buisson en feu.

Moïse, voyant cela, fut étonné de cette apparition ; et, comme il s'approchait pour examiner, la voix du Seigneur se fit entendre :

Je suis le Dieu de tes pères, le Dieu d'Abraham, d'Isaac et de Jacob. Et Moïse, tout tremblant, n'osait regarder.

J'ai vu la souffrance de mon peuple qui est en Egypte, j'ai entendu ses gémissements, et je suis descendu pour le délivrer.

Maintenant, va, je t'enverrai en Egypte.

Partant donc du contenu des versets ci-dessus, nous découvrons quelques éléments offrant un bref aperçu des derniers jours qui avaient précédé l'appel ministériel du serviteur de l'Eternel Dieu, le prophète Moïse.

Celui-ci aura droit à une vision à travers laquelle, l'ange de l'Eternel allait lui adresser officiellement l'appel de Dieu pour le ministère et précisément, celui d'être envoyé en Egypte pour la délivrance de sa grande famille, la communauté juive, restée en esclavage.

Cet homme entamera effectivement le ministère grâce au déploiement du puissant bras de l'Eternel nécessaire pour opérer des signes ; des miracles, et exercer des jugements de diverses formes sur le peuple tyran.

Mais très tôt, les choses allaient prendre une forme d'évolution, et une nouvelle image sera donnée à cet homme qui devrait être regardé tantôt, comme prince égyptien, et tantôt comme berger, par les soins de l'Eternel Dieu lui-même, et ce sera celle de Dieu.

Réf bibliques : Exode : 4 V 16 ; 7 V 1.

Il parlera pour toi au peuple ; il te servira de bouche, et tu tiendras pour lui la place de Dieu.

L'Eternel dit à Moïse : Vois, je te fais Dieu pour Pharaon : et Aaron, ton frère, sera ton prophète.

Toi, tu diras tout ce que je t'ordonnerai ; et Aaron, ton frère, parlera à Pharaon, pour qu'il laisse aller les enfants d'Israël hors de son pays.

Ainsi, se confirme au travers du contenu des versets ci-dessus, la nouvelle image dont bénéficiera l'homme Moïse, autrefois berger, mais désormais serviteur et prophète de l'Eternel Dieu.

Et c'était en prévention des conséquences néfastes liées au mauvais usage de cette image laquelle finira effectivement par lui prendre la tête que le Seigneur de gloire à qui rien absolument ne pouvait se cacher, allait décider de le faire passer par un bref examen de conscience, à l'effet de l'outiller pour une gestion efficiente et conséquente du ministère qu'il était appelé à conduire et à coordonner.

Réf bibliques : Exode : 4 V 2 - 8.

L'Eternel lui dit : Qu'a-t-il dans ta main ? Il répondit : Une verge.

L'Eternel dit : Jette-la par terre. Il jeta par terre, et elle devint un serpent, Moïse fuyait devant lui.

L'Eternel dit à Moïse : Etends ta main, et saisis-le par la queue. Il étendit la main et le saisit et le serpent redevint une verge dans sa main.

C'est là, dit l'Eternel, ce que tu feras, afin qu'ils croient que l'Eternel, le Dieu de leurs pères, t'est apparu, le Dieu d'Abraham, le Dieu d'Isaac, et le Dieu de Jacob.

L'Eternel lui dit encore : Mets ta main dans ton sein. Il mit sa main dans son sein ; puis la retira, et voici, sa main était couverte de lèpre, blanche comme la neige.

L'Eternel dit : Remets ta main dans ton sein. Il remit sa main dans son sein ; puis il la retira de son sein, et voici, elle était redevenue comme sa chair.

S'ils ne te croient pas, dit l'Eternel, et n'écoutent pas la voix du premier signe, ils croiront à la voix du dernier signe.

Et voilà l'exercice auquel l'Eternel Dieu allait soumettre l'homme Moïse, qu'il a choisi pour le servir en tant que prophète et dont le cœur était jusque-là occupé par sa connaissance de la personne influente et grandiose de Pharaon auprès de qui, il avait grandi.

Et pour rappel, ce Pharaon était de par sa puissance symbolisé par le serpent, et c'était d'ailleurs la raison principale pour laquelle l'Eternel Dieu, le sage des sages, allait décider transformer en serpent, la verge que portait en main, le prophète Moïse, et devant lequel il avait commencé par fuir.

Il faut souligner que cette petite scène, signifiait le comportement fugitif de Moïse devant l'autorité et la puissance de Pharaon, le roi d'Egypte.

Et il était alors important et normal que cet homme en prenne d'abord conscience de son état pour donner accès au changement que comptait lui inculquer l'Eternel Dieu à qui il allait en mission.

Il lui sera demandé de saisir le serpent par la queue, ce qu'il avait effectivement fait, et l'animal était redevenu de la verge entre ses mains, ce qui signifiait que l'Eternel livrait Pharaon entre ses mains et plus précisément, la fin de cette puissance aussi influente de cette époque, pour qu'il puisse saisir le serpent par la queue. Et ce sera la première leçon ou révélation à tirer de cette scène.

Il lui sera demandé de nouveau, de mettre sa main dans son sein et de la retirer. Ce qu'il aura effectivement fait, et au retrait, sa main sera couverte de lèpre blanche comme la neige.

Le même exercice sera repris, et la main redeviendra comme elle était au début de la rencontre, c'est à dire, comme sa chair à l'état normal.

Cet autre exercice s'avérerait très important au profit de cet homme pour lui signifier qu'en l'état, il portait en lui, le péché ou la semence du péché malgré son apparence plus ou moins correcte et parfaite, et qu'il était normal qu'il en prenne connaissance et conscience afin de savoir que l'appel ministériel dont il bénéficiait, n'avait absolument rien de méritant, et c'était par pure grâce, laquelle relève de la souveraineté de l'Eternel Dieu à qui rien n'est impossible.

Autrement, et conformément à la loi, il ne devrait aucunement se tenir dans sa présence jusqu'à faire objet d'être sollicité pour entretenir une quelconque relation avec Dieu, lui qui reste, saint, juste et parfait de nature, et par elle, et au nom de la loi, s'expose à l'incompatibilité relationnelle entre les deux parties, car impossible au péché et à la justice de s'accorder sur quoique ce soit.

Le serviteur de Dieu, le prophète Moïse, comme nous le disions tantôt, avait effectivement et résolument entamé sa mission dont la page la plus importante correspond à la traversée du désert, c'est à dire, le parcours entre les territoires d'Egypte et de Canaan.

Et pour rappel, Canaan, était la terre ou le territoire que l'Eternel avait promis de donner au peuple d'Israël depuis le temps de leurs pères, Abraham, Isaac et Jacob, et cela par une prophétie dont le temps anciennement fixé, arrivait à son terme à cette époque d'esclavage dudit peuple.

Cependant, il faut souligner que la vie de cet homme sera caractérisée par une colère violente, héritée de la race lévitique à laquelle il appartenait, et qui allait impacter sérieusement et profondément son ministère pour que son exercice ne soit soldé que par l'enregistrement de la perte continuelle, en lieu et place du salut des âmes.

Et c'est le lieu de rappeler que le parcours ou la marche de ce peuple entre les territoires de l'Egypte et de Canaan, encore appelé la traversée du désert, correspond de nos jours à la vie ou la marche chrétienne.

Et en cela, le serviteur de Dieu, le prophète Moïse aura la charge pastorale ou de berger pour paître ; diriger et conduire le peuple qui venait d'être affranchi par le puissant bras de l'Eternel du monde païen représenté ici par l'Egypte, pour la destination de la terre promise de Canaan, dans la figure du paradis de Dieu.

Mais il sera constaté qu'en face du ministère, cet homme en la personne de Moïse, le prophète de l'Eternel Dieu, allait tomber devant ce défi et ne réussira pas à conduire aucun membre de cet effectif à atteindre la terre de promesse de Canaan, puisqu'il n'y accédera point lui-même, toujours pour défaut de gestion de la colère dans l'exercice du ministère de Dieu.

Réf bibliques : Deutéronome : 32 V 48 - 52 ; Jude V 9.

Ce même jour, l'Eternel parla à Moïse, et dit :

Monte sur cette montagne d'Abarim, sur le mont Nebo, au pays de Moab, vis à vis de Jéricho ; et regarde le pays de Canaan que je donne en propriété aux enfants d'Israël.

Tu mourras sur la montagne où tu vas monter, et tu seras recueilli auprès de ton peuple, comme Aaron, ton frère, est mort sur la montagne de Hor, et a été recueilli auprès de son peuple, parce que vous avez péché contre moi au milieu des enfants d'Israël, près des eaux de Meriba, à kadès, dans le désert de Tsin, et que vous ne m'avez point sanctifié au milieu des enfants d'Israël.

Tu verras le pays devant toi ; mais tu n'entreras point dans le pays que je donne aux enfants d'Israël.

Or, l'archange Michel, lorsqu'il contestait avec le diable et lui discutait le corps de Moïse, n'osa pas porter contre lui un jugement injurieux, mais il dit : Que le Seigneur te réprime !

Ainsi, se présente le contenu des versets ci-dessus, lesquels témoignent et confirment l'échec de l'exercice ministériel du prophète Moïse et le sort qui avait été réservé à lui-même pour avoir manqué de sanctifier son Seigneur au milieu et aux yeux des enfants d'Israël, qui étaient à sa charge et devant qui, il était le représentant de Dieu pour faire non sa volonté personnelle, mais plutôt celle de celui qui l'a enroulé et dont la décision s'impose à tout, soient, dans les cieux, sur la terre, et sous la terre.

Ainsi, le serviteur de l'Eternel Dieu, le prophète Moïse, malgré toutes l'audience et l'influence dont il avait fait preuve à partir des grands événements qui avaient caractérisés sa vie ministérielle, allait essuyer l'échec dans son exercice du ministère de Dieu, ce qui revêtait un caractère exemplaire de très grande utilité en matière d'enseignement et de leçons à y tirer.

Toutefois, on apprendra qu'il n'y aura que seulement deux membres de l'effectif, toutes générations confondues, qui parviendront à poser les pieds sur ce territoire de promesse dont la terre de Canaan. Et ce sera, Caleb et Josué, le serviteur de Moïse à qui d'ailleurs il transmettra la responsabilité ministérielle d'après les instructions de l'Eternel Dieu, le souverain Pasteur.

Réf bibliques : Nombres : 14 V 22 - 24, 28 - 30.

Tous ceux qui ont vu ma gloire, et les prodiges que j'ai faits en Egypte et dans le désert, qui m'ont tenté déjà dix fois, et qui n'ont point écouté ma voix, tous ceux-là ne verront point le pays que j'ai juré à leurs pères de leur donner, tous ceux qui m'ont méprisé ne le verront point.

Et parce que mon serviteur Caleb a été animé d'un autre esprit, et qu'il a pleinement suivi ma voie, je le ferai entrer dans le pays où il est allé, et ses descendants le posséderont.

Dis-leur : Je suis vivant ! Dit l'Eternel, je vous ferai ainsi que vous avez parlé à mes oreilles.

Vos cadavres tomberont dans ce désert. Vous tous, dont on a fait le dénombrement, en vous comptant depuis l'âge de vingt ans et au-dessus, et avez murmuré contre moi.

Vous n'entrerez point dans le pays que j'avais juré de vous faire habiter, excepté Caleb, fils de Jephunné, et Josué, fils de Nun.

Et c'est ainsi, comme le présente le contenu des versets ci-dessus, lesquels nous font revivre combien non seulement les leaders de cette marche avec Dieu, mais également toute l'armée qui était sortie du territoire égyptien par le secours de l'Eternel, avaient manqué d'honorer ce grand et inégalable Dieu qui les avait fait vivre de si grandes choses dont les miracles et les prodiges.

Ils auraient manqué de faire confiance par la foi en leur Dieu, et ce faisant, avaient provoqué la colère de Celui-ci, ce qui coûtera la destruction sentencieuse de toute l'armée ayant fait l'objet du dénombrement à la sortie du territoire captif de l'Egypte.

Ils verront d'après la sentence de Dieu, et à l'exception de Caleb et de Josué, toutes leurs cadavres tombées à la porte d'entrée de la terre promise de Canaan.

En dehors donc de Caleb et de Josué, aucun membre de ce grand et nombreux effectif délivré de la captivité égyptienne n'avait réussi à poser ses pieds sur le territoire de promesse, lequel était destiné à les accueillir.

Et cela dénote une fois de plus, combien ce ministère était dangereux pour le croyant parce que manquant la présence de l'Eternel Dieu, où les anges étaient incapables d'assurer le salut des âmes des croyants.

On parlera plutard du ministère angélique, et ce sera bel et bien celui-ci, autrefois qualifié de lévitique cependant, reste toujours d'actualité.

Toutefois, il faut souligner que toute cette histoire est belle et bien la volonté permissive de l'Eternel Dieu le souverain, qui fait tout pour la seule gloire de son nom et pour l'atteinte des différents et divers objectifs qu'il s'est de son propre chef, et de sa propre autorité fixés.

Et nous comprendrons plutard que le serviteur de Dieu, le prophète Moïse n'est pas mauvais ou incapable de quoique ce soit en lui-même, mais avait joué le rôle qui lui revenait de mission dans le plan de l'Eternel Dieu relatif au salut des âmes des croyants.

Réf bibliques : Nombres : 12 V 1 - 3, 6 - 8 ; Hébreux : 3 V 5.

Marie et Aaron parlèrent contre Moïse au sujet de la femme éthiopienne qu'il avait prise, car il avait pris une femme éthiopienne.

Ils dirent : Est-ce seulement par Moïse que l'Eternel parle ? N'est-ce pas aussi par nous qu'il parle ?

Et l'Eternel l'entendit. Or, Moïse était un homme fort patient, plus qu'aucun homme sur la face de la terre.

Et il dit : Ecoutez bien mes paroles ! Lorsqu'il y aura parmi vous un prophète, c'est dans une vision que moi, l'Eternel, je me révélerai à lui, c'est dans un songe que je lui parlerai.

Il n'en est pas ainsi de mon serviteur Moïse. Il est fidèle dans toute ma maison.

Je lui parle bouche à bouche, je me révèle à lui sans énigmes, et il voit une représentation de l'Eternel.

Pourquoi donc n'avez-vous pas craint de parler contre mon serviteur, contre Moïse ?

Pour Moïse, il a été fidèle dans toute la maison de Dieu, comme serviteur, pour rendre témoignage de ce qui devait être annoncé.

Et ci-dessus en contenu détaillé, le témoignage rendu à divers endroits et occasions au prophète Moïse par les soins de l'Eternel lui-même.

Il jouira d'une attention particulière en qualité de serviteurs de Dieu par comparaison à ses pairs et par privilège sur eux, avec à son actif, des points tels que la fidélité et témoin de premier rang concernant les choses à venir sur toute la maison de l'Eternel Dieu.

Et c'est d'ailleurs les points qui lui confèrent par endroit, tantôt le statut de Dieu au devant des païens dans la figure de sa rencontre avec Pharaon par exemple, et celui de la loi de l'interdit pour occuper le cœur de la doctrine dite mosaïque ou ministère angélique, pour être prêcher dans les synagogues, tous les jours de sabbat.

Réf bibliques : Actes : 15 V 21.

Car, depuis bien des générations, Moïse a dans chaque ville des gens qui le prêchent, puisqu'on le lit tous les jours de sabbat dans les synagogues.

Et voilà ce que témoigne le contenu des versets ci-dessus concernant la personne du prophète Moïse, qui en lui-même et suivant certaines dispositions, est une doctrine laquelle comme toutes autres, fait objet d'enseignement et de prêche.

C'est le lieu d'ajouter que cet homme a acquiert une très grande notoriété au sein de la communauté juive, et s'étendra à d'autres nations à travers son statut de loi, laquelle s'impose comme figure de Dieu pour le monde charnel et animal.

Il faut souligner que les sujets relatifs à la loi dans les saintes écritures constituent une question épineuse pour le grand nombre des croyants, qui éprouvent de sérieuses difficultés à s'y affranchir pour défaut du Saint-Esprit, lequel passe au primo par l'acceptation de l'Evangile de Dieu.

Réf bibliques : Romains : 3 V 19 - 20 ; 1Timothée : 1 V 7 - 10.

Or, nous savons que tout ce que dit la loi, elle le dit à ceux qui sont sous la loi, afin que toute bouche soit fermée et que tout le monde soit reconnu coupable devant Dieu.

Car nul ne sera justifié devant lui par les œuvres de la loi, puisque c'est de la loi que vient la connaissance du péché.

Ils veulent être docteurs de la loi, et ils ne comprennent ni ce qu'ils disent, ni ce qu'ils affirment.

Nous n'ignorons pas que la loi est bonne, pourvu qu'on en fasse un usage légitime.

Sachant bien que la loi n'est pas faite pour le juste, mais pour les méchants et les rebelles, les impies et les pécheurs, les irréligieux et les profanes, les parricides, les meurtriers, les impudiques, les infâmes, les voleurs d'hommes, les menteurs, les pajures, et tout ce qui est contraire à la saine doctrine...

Ainsi se présente le contenu des versets ci-dessus, lesquels témoignent de la personnalité divine que porte l'homme de Dieu, le prophète Moïse en tant que loi, et plus précisément, la loi de l'interdit ou la loi du péché et de la mort, laquelle est destinée pour servir à l'organisation et la conduite du monde de la méchanceté et de l'imperfection, qualifié de charnel ou animal, et ainsi se referme l'étude relative à la personnalité incarnant le premier ou le faux ministère de Dieu.

Etude du cas de la dernière personnalité ministérielle. (Jésus-Christ).

Ainsi, comme nous l'avions précédemment commencé, cet autre travail de notre développement nous amènera à nous référer à certains écrits jugés utiles voir très utiles pour plus de visibilités aux lecteurs.

Réf bibliques : Mathieu : 17 V 1 - 5 ; 2 Pierre : 1 V 16 - 18.

Six jours après, Jésus prit avec lui Pierre, Jacques, et Jean, son frère, et il les conduisit à l'écart sur une haute montagne.

Il fut transfiguré devant eux ; son visage resplendit comme le soleil, et ses vêtements devinrent blancs comme la lumière.

Et voici, Moïse et Elie leur apparurent, s'entretenant avec lui.

Pierre, prenant la parole, dit à Jésus : Seigneur, il est bon que nous soyons ici ; si tu le veux, je dresserai ici trois tentes, une pour toi, une pour Moïse, et une pour Elie.

Comme il parlait encore, une nuée lumineuse les couvrit.

Et voici, une voix fit entendre de la nuée ces paroles : Celui-ci est mon Fils bien-aimé, en qui j'ai mis toute mon affection : écoutez-le !

Ce n'est pas, en effet, en suivant des fables habilement conçues, que nous vous avons fait connaître la puissance et l'avènement de notre Seigneur Jésus-Christ, mais c'est comme ayant vu sa majesté de nos propres yeux.

Car il a reçu de Dieu le Père, honneur et gloire, quand la gloire magnifique lui fit entendre une voix qui disait : Celui-ci est mon Fils bien-aimé, en qui j'ai mis toute mon affection.

Et nous avons entendu cette voix venant du ciel, lorsque nous étions avec lui sur la sainte montagne...

Et voilà quelques détails tirés du contenu des versets ci-dessus, lesquels nous donnent de remarquer une sorte de comparaison entre l'emblématique figure divine de tous les temps portée par le serviteur de l'Eternel Dieu, le prophète Moïse, et une autre, et nouvelle en considération du temps et de l'âge, et qui cependant, avait reçu un témoignage de la part de Dieu lui-même, lequel le démarquait par supériorité sur les deux serviteurs au milieu desquels il se retrouvait.

Celui-ci sera qualifié, non de serviteur, mais plutôt de Fils bien-aimé de Dieu, en qui il mit toute son affection.

Mais il ne s'arrêtera juste à ces quelques déclarations déjà très significatives, mais il ajoutera l'instruction impérative de l'écouter, c'est à dire de lui prêter oreilles attentives, et cela toujours dans le cadre du salut réservé à l'homme.

Il importe de rappeler à l'occasion qu'il s'agit bel et bien de ce même Dieu qui dans un passé récent, avait élevé son serviteur le prophète Moïse aux yeux de son peuple par des formules de hautes distinctions sur lesquelles nous avions suffisamment travaillé dans le cadre de notre première étude.

Cependant, il ramènera à reconsidérer les choses de manière à observer les grandes réformes inscrites au processus de délivrance et du salut de l'homme demeuré jusque-là captif du péché, du diable et retenu sous la malédiction de la loi.

Et pour la petite histoire, il arrivera que plusieurs ont été ceux que l'Eternel Dieu avait choisi en qualité de serviteurs et ministres, et envoyé au-devant des hommes demeurés captifs du péché, pour œuvrer à leur justification, et cela par l'observation des exigences de la loi du péché et de la mort, communément appelée la loi de Moïse.

On parlera des œuvres de la loi, lesquelles ne sauraient assurer le salut de l'âme de l'homme, ce qui lui aurait causé plus de dommages que d'avantages, et cela par la culture de la conscience de mérite et de mépris à l'égard de la personne souveraine de l'Eternel Dieu.

Mais ils avaient tous échoué dans cette noble mission, et nous croyons avoir suffisamment et largement informé sur cette réalité dans nos précédents développements, au travers desquels, le serviteur de l'Eternel Dieu, le prophète Moïse était la figure symbolique.

Les saintes écritures le qualifieront des serviteurs de Dieu, mais ajouter à cela, des mercenaires à cause de leur incapacité à manifester de l'amour à l'endroit de ceux envers qui, ils étaient envoyés.

Réf bibliques : Jean : 10 V 8 - 15 ; 15 V 13 - 15.

Tous ceux qui sont venus avant moi sont des voleurs et des brigands ; mais les brebis ne les ont point écouté.

Je suis la porte,. Si quelqu'un entre par moi, il sera sauvé ; il entrera, et il sortira, et il trouvera des pâturages.

Le voleur ne vient que pour dérober, égorger et détruire ; moi, je suis venu afin que les brebis aient la vie, et qu'elles soient dans l'abondance.

Je suis le bon berger. Le bon berger donne sa vie pour ses brebis.

Mais le mercenaire, qui n'est pas berger, et à qui n'appartiennent pas les brebis, voit venir le loup, abandonne les brebis, et prend la fuite ; et le loup les ravit et les disperse.

Le mercenaire s'enfuit, parce qu'il est mercenaire, et qu'il ne se met point en peine des brebis.

Je suis le bon berger.

Je connais mes brebis, et elles me connaissent, comme le Père me connaît et comme je connais le Père ; et je donne ma vie pour mes brebis..

Il n'y a pas de plus grand amour que de donner sa vie pour ses amis.

Vous êtes mes amis, si vous faites ce que je vous commande.

Je ne vous appelle plus serviteurs, parce que le serviteur ne sait pas ce que fait son maître ; mais je vous ai appelés amis, parce que je vous ai fait connaître tout ce que j'ai appris de mon Père.

Ainsi, de par le contenu des versets ci-dessus, nous découvrons certaines déclarations provenant de la bouche de celui qui avait reçu témoignage de la part du Père, et cela par comparaison à tous ceux qui avaient été au contact des brebis avant lui.

Il est vrai qu'il était avant eux et reste d'ailleurs le propriétaire des brebis même s'il lui a fallu du temps pour se manifester à elles, et au travers d'elles, à toute la terre.

Réf bibliques : Jean : 1 V 1 - 5, 10 ; 8 V 56 - 58.

Au commencement était la parole, et la parole était avec Dieu, et la parole était Dieu.

Elle était au commencement avec Dieu. Toutes choses ont été faites par elle, et rien de ce qui a été fait, n'a été fait sans elle.

En elle était la vie, et la vie était la lumière des hommes.

La lumière luit dans les ténèbres, et les ténèbres ne l'ont point reçue.

Elle était dans le monde, et le monde a été fait par elle, et le monde ne l'a point connue.

Abraham, votre père, a tressailli de joie de ce qu'il verrait mon jour ; il l'a vu, et il s'est réjoui.

Les juifs lui dirent : Tu n'as pas encore cinquante ans, et tu as vu Abraham !

Jésus leur dit : En vérité, en vérité, je vous le dis, avant qu'Abraham fût, je suis.

Voilà comme le présente si bien le contenu des versets ci-dessus, lesquels nous remontent à l'historique des évènements retraçant le début des temps forts de la création du monde physique ou la terre.

On notera que celui-là qui était présenté aux hommes en général et les juifs en particulier, comme un jeune-homme sans instructions et sans aucune expérience professionnelle et ministérielle, était en réalité le plus ancien en âge spirituel par rapport au temps et à toute la race humaine, et non seulement cela, mais était aussi la sagesse indescriptible, immuable et infiniment invariable dont l'Eternel Dieu s'était servie pour créer toute chose, tant de l'univers visible comme invisible.

Il était aussi ancien, qu'il n'existe pas en vérité d'élément valable tant dans le monde spirituel ou charnel pour servir à la comparaison avec lui.

Cependant, nous n'allons pas seulement nous limiter aux témoignages rendus à son actif, puisqu'il prendra lui-même le soin de le confirmer par certaines déclarations susceptibles de confondre les anciens de la société juive de l'époque, même s'ils devraient normalement éprouver de la peine à admettre la véracité de ses propos.

On notera qu'il prononcera avec l'usage des formules de dénonciation professionnelle, et ne les rangera pas seulement du côté des serviteurs, lesquels d'après ses dires, seraient limités en informations concernant leur maître, et non seulement cela, mais seront des mercenaires c'est à dire, ceux qui étaient enroulés juste pour des services ponctuels, lesquels ne sauraient impliquer l'engagement de leurs vies personnelles pour une raison quelconque.

Il soulignera également que de tels serviteurs ne sont préoccupés que par leurs vies personnelles, et n'hésiteront à se désengager aussitôt par la fuite en cas de situation mettant en danger ou en péril leurs vies.

Mais avant cette étape de comparaison entre ces différentes personnalités, il faut rappeler que cet homme devra naître en réponse à un besoin criard et existentiel, en ce qui concerne la qualité de ce qu'il y a lieu d'offrir pour satisfaire l'exigence sacrificielle de la loi.

Réf bibliques : Mathieu : 1 V 18 - 21.

Voici, de quelle manière arriva la naissance de Jésus-Christ. Marie, sa mère, ayant été fiancée à Joseph, se trouva enceinte par la vertu du Saint-Esprit, avant qu'ils eussent habité ensemble.

Joseph, son époux, qui était homme de bien et qui ne voulait pas la diffamer, se proposa de rompre secrètement avec elle.

Comme il y pensait, voici, un ange du Seigneur lui apparut en songe, et dit : Joseph, fils de David, ne crains pas de prendre avec toi Marie, ta femme, car l'enfant qu'elle a conçu vient du Saint-Esprit.

Elle enfantera un fils, et tu lui donneras le nom de Jésus ; c'est lui qui sauvera son peuple de ses péchés.

Partant donc du contenu des versets ci-dessus, nous découvrons la manière et l'objet de la naissance du Seigneur Jésus.

Celui-ci devra connaître une naissance prophétique, laquelle reposera non sur un processus biologique classique, mais plutôt sur la manifestation du Saint-Esprit.

En effet, la dame Marie, mère de l'enfant Jésus, demeurée vierge de son état de féminité malgré son amitié avec l'homme Joseph, descendant de David, se retrouvera enceinte sur l'annonce de l'ange de l'Eternel, et enfantera au temps fixé, un enfant qui avait pour mission de sauver le peuple auquel il appartient, de ses péchés.

Cet enfant sera appelé Jésus. Il naîtra sans péché à cause de l'implication du Saint-Esprit, et aura la charge ministérielle en son temps, de se donner en sacrifice afin de pouvoir délivrer l'humanité de la captivité du péché, et l'arracher de la damnation éternelle.

Voilà pourquoi, il ne naîtra pas d'un homme et d'une femme, comme ce fut le cas du serviteur symbolique de Dieu, le prophète Moïse, mais plutôt du Saint-Esprit et d'une femme afin de pouvoir conserver la nature de justice de Dieu dans un corps humain.

Il sera déclaré, Fils unique de Dieu, et agneau de Dieu, sans taches et sans défauts, en fonction de la mission qui était la sienne, celle de venir dans le monde pour sauver les brebis égarées et perdues de l'Eternel Dieu, son Père.

Et puisque c'était seulement qu'aux serviteurs que l'Eternel Dieu avait réservé ces tâches ministérielles d'ordre angélique, lesquelles consistent à s'employer pour œuvrer au salut des croyants, sous ses diverses et différentes formes.

Réf bibliques : Hébreux : 1 V 13 - 14.

Et auquel des anges, Dieu a-t-il jamais dit : Assieds-toi à ma droite, jusqu'à ce que je fasse de tes ennemis ton marchepied ?

Ne sont-ils pas tous des esprits au service de Dieu, envoyés pour exercer un ministère en faveur de ceux qui doivent hériter le salut ?

Et voilà, qui se confirme bien à partir du contenu des versets ci-dessus, le ministère que l'Eternel Dieu allait réserver à ses multitudes anges, et cela pour l'intérêt et le compte des humains en général et les croyants en particulier, lesquels végétaient dans un besoin continuel du secours de Dieu, leur créateur et seul qui pourra les sauver.

Voilà pourquoi, lui, en tant que Fils unique de Dieu, et chaleureusement préoccupé par les affaires et les choses de son Père, en qualité d'héritier, allait décider de s'enlever cette glorieuse habille de Fils unique de Dieu, pour porter le manteau de serviteur par un processus de rabaissement total, afin de pouvoir se conformer par substitution aux pécheurs, quoique n'ayant jamais connu le péché, et se livrer en sacrifice de culpabilité et d'expiation des péchés de quiconque aura cru en lui c'est à dire, en son œuvre de rédemption.

Réf bibliques : Jean : 8 V 24 ; 2 Corinthiens : 5 V 21 ; Philippiens : 2 V 4 - 8.

C'est pourquoi, je vous ai dit que vous mourrez dans vos péchés ; car si vous ne croyez pas ce que je suis, vous mourrez dans vos péchés.

Celui qui n'a point connu le péché, il l'a fait devenir péché pour nous, afin que nous devenions en lui justice de Dieu.

Que chacun de vous, au lieu de considérer ses propres intérêts, considère aussi ceux des autres.

Ayez en vous les sentiments qui étaient en Jésus-Christ.

Lequel, existant en forme de Dieu, n'a point regardé comme une proie à arracher d'être égal avec Dieu.

Mais s'est dépouillé lui-même, en prenant une forme de serviteur, en devenant semblable aux hommes ; et ayant paru comme un simple homme.

Il s'est humilié lui-même, se rendant obéissant jusqu'à la mort, même jusqu'à la mort de la croix.

Et voilà, ce qui se confirme bien, le contenu détaillé de ces quelques versets ci-dessus, lesquels témoignent davantage sur la personne du Fils unique de Dieu, lui qui, en raison du besoin existentiel de l'Eternel Dieu relatif au salut des hommes, allait décider d'abandonner tout l'honneur et la gloire qui constituent la sienne en se rabaissant au rang d'un vil individu, d'un simple homme et serviteur, pour se conditionner à l'exigence de la loi du péché et de la mort, afin que par sa mort à la croix, son ensevelissement et sa résurrection, il racheta pour le royaume de son Père, les gens de toutes langues ; toutes cultures ; et de toutes races.

Ce qu'il réussira par comparaison à tous ceux qui avaient été avant lui, lesquels avaient tous échoué et cela pour des diverses raisons dont nous ne saurions tout énumérées à travers ces écrits.

C'est d'ailleurs l'une des raisons pour laquelle, il devra faire preuve de réformateur au nom du Seigneur Dieu, au début de son ministère terrestre, alors qu'il échangeait avec cette femme d'origine samaritaine, et qui était aussi de la descendance d'Abraham, mais opposée aux juifs par des principes d'ordre culturel et religieux, quoiqu'adorerant le même Dieu au moyen de leur connaissance de la loi.

Et pour rappel, cette loi quoique, juste, sainte et parfaite, parce que traduisant la personne de Dieu avait été la cause principale de la chute de l'homme et source de tout le malheur qui s'était accroché à lui.

Réf bibliques : Jean : 4 V 20 - 24 ; Romains : 3 V 19 - 20.

Nos pères ont adoré sur cette montagne, et vous dîtes, vous, que le lieu où il faut adorer est à Jérusalem.

Femme ! Lui dit Jésus, Crois-moi, l'heure vient où ce ne sera ni sur cette montagne ni à Jérusalem que vous adorerez le Père.

Vous adorez ce que vous ne connaissez pas ; nous, nous adorons ce que nous connaissons, car le salut vient des juifs.

Mais l'heure vient, et elle est déjà venue où les vrais adorateurs adoreront le Père en esprit et en vérité ; car ce sont là les adorateurs que le Père demande.

Dieu est Esprit, et il faut que ceux qui l'adorent l'adorent en esprit et en vérité.

Or, nous savons que tout ce que dit la loi, elle le dit à ceux qui sont sous la loi afin que toute bouche soit fermée et que tout le monde soit reconnu coupable devant Dieu.

Car nul ne sera justifié devant lui par les œuvres de la loi, puisque c'est par la loi que vient la connaissance du péché.

Nous notons à partir du contenu des versets ci-dessus, lesquels confirment bien, voir même très bien, les échanges sous la forme de causerie, que le seigneur Jésus-Christ avait eu avec la femme originaire de la Samarie et qui, à partir de sa connaissance culturelle et traditionnelle défendait à force d'arguments l'héritage de ses pères, et cela par référence au puit de Jacob, fils d'Isaac, et petit fils d'Abraham.

Il convient de rappeler que cette même liée familiale reste la source d'origine des juifs cependant, verra sa descendance divisée sur certains principes d'ordre religieux à cause de l'ignorance qui caractérisait leurs vies, une division qui était bien significative dans les projets d'avenir de Dieu, et cela au bénéfice de la croix, laquelle correspondra au processus de l'unification et de la réconciliation des différentes couches de la société humaine avec Dieu, leur créateur et sauveur.

Toutefois, la suite du contenu des mêmes versets, nous référera à la notion de la loi de Dieu, laquelle se révèlera comme objet de conflits et de confusion aux mains des croyants pour devenir un instrument de condamnation sur leur vie quoique provenant de l'Eternel Dieu et communiquant sur la personne irréprochable de celui-ci.

Il est vrai que nous ne sommes pas dans le registre du développement de l'Evangile cependant, cette loi aura fait l'objet d'une mauvaise appréhension et interprétation de la part des hommes et finira par servir à la connaissance du péché et au travers du péché, la mort spirituelle de l'homme, au lieu de leur apporter le salut de Dieu.

Réf bibliques : Romains : 5 V 13 ; 7 V 7 - 10.

Car jusqu'à la loi le péché était dans le monde. Or, le péché n'est pas imputé, quand il n'y a point de loi.

Que dirons-nous donc ? La loi est-elle péché ? Loin de là !

Mais je n'ai connu le péché que par la loi. Car je n'aurais pas connu la convoitise, si la loi n'eût dit : Tu ne convoiteras point.

Et le péché, saisissant l'occasion, produisit en moi par le commandement toutes sortes de convoitises ; car sans loi le péché est mort.

Pour moi, étant autrefois sans loi, je vivais ; mais quand le commandement vint, le péché reprit vie, et moi je mourus.

Ainsi, le commandement qui conduit à la vie se trouva pour moi conduire à la mort.

Et voilà ci-dessus en contenu détaillé, des versets au travers desquels, nous pouvons déjà nous représenter quelques idées concernant la réalité sur les premiers contacts de l'homme avec la loi, laquelle dans le cas d'espèce, devra nous remonter à la phase de sa promulgation.

Et cela s'avère important d'être souligné parce que la loi devrait exister déjà un moment d'abord avant d'être promulguée, une étape de processus au travers duquel la loi passe de la phase de préparation à celle d'activation ou d'officialisation.

Toujours dans cette droite ligne relative au salut de l'homme, on notera que le Fils de Dieu ou de l'homme que voici, jouera non seulement le rôle de prophète à l'image de Moïse, mais également celui du souverain sacrificateur un peu comme Aaron, et enfin celui de la victime à offrir en sacrifice comme l'agneau qui est sacrifié sur l'autel des holocaustes et dont le sang est mis sur le voile séparant les lieux, saint et le très saint, et ensuite sur le propitiatoire lequel servait à couvrir l'arche de l'alliance.

Il sera par ce processus, dans le rôle et la formule de trois en un, en tant qu'acteur, et là où il fallait au minimum trois éléments pour conduire à bien l'exercice sacrificiel de l'ancien ministère de Dieu communément appelé ancienne alliance, lui seul occupera les trois statuts de sorte que le salut de l'homme reposera finalement et uniquement sur lui et sur lui seul, et cela par la foi du croyant en son œuvre de rédemption.

Réf bibliques : Actes : 7 V 37 ; Hébreux : 9 V 6 - 7, 11 - 12 ; Jean : 1 V 29.

C'est ce Moïse qui dit aux fils d'Israël : Dieu vous suscitera d'entre vos frères un prophète comme moi.

Or, ces choses étant ainsi disposées, les sacrificateurs qui font le service entrent en tout temps dans la première partie du tabernacle.

Et dans la seconde le souverain sacrificateur seul entre une fois par an, non sans y porter du sang qu'il offre pour lui-même et pour les péchés du peuple.

Mais Christ est venu comme souverain sacrificateur des biens à venir ; il a traversé le tabernacle plus grand et plus parfait, qui n'est pas construit de main d'homme, c'est à dire, qui n'est pas de cette création.

Et il est entré une fois pour toutes dans le lieu très saint, non avec le sang des boucs et des veaux, mais avec son propre sang, ayant obtenu une rédemption éternelle.

Le lendemain, il vit Jésus venant à lui, et il dit : Voici l'agneau de Dieu, qui ôte le péché du monde.

Partant donc du contenu des versets ci-dessus, nous découvrons en peu de mots le personnage à plusieurs status du Fils de Dieu, qui, en vu de d'apporter le salut de l'âme aux croyants, allait s'identifier dans plusieurs rôles tels que, prophète ; souverain sacrificateur et veau ou victime sacrificielle, et cela afin de mettre fin à ce qui est passager et éphémère, et pour l'inauguration de ce qui est permanent et définitif.

Mais ce ne sera pas encore la fin de la particularité de son ministère comparativement à ceux du précédent, mais il triomphera de la mort après la croix, par la résurrection, là où tous ceux qui avaient exercé le sacerdoce avant lui, avaient été retenus après leurs morts, au séjour des morts.

Réf bibliques : Hébreux : 7 V 22 - 23.

Jésus est par cela même le garant d'une alliance plus excellente.

De plus, il y a eu des sacrificateurs en grand nombre, parce que la mort les empêchait d'être permanents.

Et voilà qui se confirme bien, le contenu des versets ci-dessus, lesquels nous donnent de comprendre qu'il y a vraiment eu des sacrificateurs de diverses classes ayant servi au sacerdoce de Dieu, mais qui, après la mort, étaient restés enchaînés au séjour des morts, et cela pour cause de la nature de péché qu'ils avaient conservés, même pendant leur séjour au service de l'autel.

Ce qui signifie que la mort étendant son pouvoir sur toute l'humanité à cause du péché, l'exerçait davantage sur ceux qui étaient admis au service de l'autel sous l'ancienne alliance, mais celui-ci, parce qu'il ne partage pas cette nature pécheresse héritée du premier Adam, ne pouvait être frappé par la mort, encore moins, retenu au séjour des morts.

Il pouvait d'ailleurs l'annoncer au travers de certaines de ces allocutions durant son séjour ministériel terrestre.

Réf bibliques : Jean : 2 V 19 - 20 ; 10 V 17 - 18.

Jésus leur répondit : Détruisez ce temple, et en trois jours je le relèverai.

Les juifs dirent : il a fallu quarante et six ans pour bâtir ce temple, et toi, en trois jours tu le relèveras !

Mais il parlait du temple de son corps.

Le Père m'aime, parce que je donne ma vie, afin de la reprendre.

Personne ne me l'ôte, mais je la donne de moi-même ; j'ai le pouvoir de la donner, et j'ai le pouvoir de la reprendre : tel est l'ordre que j'ai reçu de mon Père.

Et voilà, qui se confirme bien le pouvoir exceptionnel de l'ordre des ministres de Dieu, que détient le Fils unique par privilège sur ses paires, pour avoir décidé volontairement de s'offrir à la mort par la croix afin de racheter pour son Père, quiconque ayant reçu et accepté la nouvelle relative à son œuvre de rédemption pour l'acquisition du salut de son âme.

On parlera ainsi du salut de l'âme du croyant par la foi en œuvre rédemptrice et salvatrice du seigneur et sauveur Jésus-Christ.

Et pour finir, il sera constaté toujours dans le cadre de la comparaison des deux personnalités de représentation ministérielle de Dieu, que là où il avait fallu l'intervention de l'Eternel Dieu par le biais de l'un de ses archanges pour délivrer et arracher le premier serviteur c'est à dire, le prophète Moïse des mains de Satan, celui-ci en tant que second et dernier, allait s'élever de lui-même c'est à dire sans l'aide d'un quelconque ange ou archange, pour la destination céleste pendant que ses disciples en signe de témoins, étaient debout en train de le regarder avec étonnement.

Réf bibliques : Actes : 1 V 9 - 11 ; Jude V 9.

Après avoir dit cela, il fut élevé pendant qu'ils le regardaient, et une nuée le déroba à leurs yeux.

Et comme ils avaient les regards fixés vers le ciel pendant qu'il s'en allait, voici, deux hommes vêtus de blanc leur apparurent, et dirent :

Hommes galiléens, pourquoi vous arrêtez-vous à regarder le ciel ?

Ce Jésus, qui a été enlevé au ciel du milieu de vous, reviendra de la même manière que vous l'avez vu allant au ciel.

Or, l'archange Michel, lorsqu'il contestait avec le diable et lui discutait le corps de Moïse, n'osa pas porter contre lui un jugement injurieux, mais il dit :

Que le Seigneur te réprime !

Ainsi se présente en contenu détaillé les versets ci-dessus, lesquels témoignent de la grande différence marquée par la supériorité du Fils unique de Dieu dans le rôle de serviteur, comparativement à celui qui est reconnu comme serviteur le plus fidèle de toute la maison de l'Eternel Dieu.

Mais avant de mettre un terme à ce chapitre relatif à l'étude de la personnalité représentative de chaque ministère de notre étude, il nous plaît de remonter à l'une des figures communiquant sur ces deux différents ministères de Dieu, encore que nous en train d'établir les caractères, faux et vrai du ministère de Dieu.

Réf bibliques : Genèse : 25 V 22 - 26.

Les enfants se heurtaient dans son sein ; et elle dit : S'il en est ainsi, pourquoi suis-je enceinte ?

Elle alla consulter l'Eternel.

Et l'Eternel lui dit : Deux nations sont dans ton ventre, et deux peuples se sépareront au sortir de tes entrailles ; un de ces peuples sera plus fort que l'autre, et le plus grand sera assujetti au plus petit.

Les jours où elle devrait accoucher s'accomplirent ; et voici, il y avait deux jumeaux dans son ventre.

Le premier sortit entièrement roux, comme un manteau de poil ; et on lui donna le nom d'Esaü. Ensuite sortit son frère, dont la main tenait le talon d'Esaü ; et on lui donna le nom de Jacob.

Isaac était âgé de soixante ans, lorsqu'il naquirent.

Ainsi, se présente le contenu des versets ci-dessus, lesquels nous informent sur les premiers éléments caractérisant la vie de ces deux enfants depuis le sein de leur maman, jusqu'aux premiers jours de leurs naissances.

En effet, il sera constaté que la mère de ces deux enfants, après une longue période de stérilité, finira par tomber enceinte et portera une grossesse des jumeaux de deux garçons, qui n'arrêtaient d'agiter le corps ou le ventre de leur mère.

Celle-ci, sous la pression de ce qu'elle vivait, allait consulter l'Eternel à ce sujet, et sera informée de certains événements à venir lesquels seront portés par ces deux fils à la sortie de son ventre.

Mais un autre aspect de cette histoire concerne le moment de la naissance de ces jumeaux, où le plus petit allait tenir à sa sortie du ventre de sa mère, le talon de son frère aîné, conformément à la prophétie et en vu des conflits qui allaient exister par la suite entre les deux ministères.

Toutefois, le point capital de cette figure illustrative sera observé au soir de la vie d'Isaac leur père, alors qu'il décidait de bénir chacun de ses deux fils avant le départ de la terre pour ses pères.

Il sollicitera conformément au droit d'aînesse, un bon repas des soins de son fils aîné en la personne d'Esaü pour qu'en retour, il puisse sacrifier à son égard, la tradition bénédictionnelle.

Mais à sa grande surprise, la force du dessein de l'Eternel Dieu allait prendre le-dessus, et un acte de tromperie allait surgir, et le plus petit, aidé par leur maman, allait réussir à arracher la bénédiction à son frère aîné.

Réf bibliques : Genèse : 27 V 26 - 30, 35 - 36, 38 - 40.

Alors Isaac, son père, lui dit :

Approche donc, et baise-moi, mon fils.

Jacob s'approcha, et le baisa.

Isaac sentit l'odeur de ses vêtements ; puis il le bénit, et dit :

Voici, l'odeur de mon fils est comme l'odeur d'un champ que l'Eternel a béni.

Que Dieu te donne de la rosé du ciel ; et de la graisse de la terre.

Du blé et du vin en abondance !

Que des peuples te soient soumis, et que des nations se prosternent devant toi !

Sois le maître de tes frères, et que les fils de ta mère se prosternent devant toi !

Maudi soit quiconque te maudira, et béni soit quiconque te bénira.

Isaac avait fini de bénir Jacob, et Jacob avait à peine quitté son père Isaac, qu'Esaü, son frère, revint de la chasse.

Isaac dit : ton frère est venu avec ruse, et il a enlevé la bénédiction.

Esaü dit : Est-ce parce qu'on l'a appelé du nom de Jacob qu'il m'a suppléanté deux fois ?

Il a enlevé mon droit d'aînesse, et voici, il voici maintenant qu'il vient d'enlever ma bénédiction.

Et il dit : N'as-tu point réservé de bénédiction pour moi ?

Esaü dit à son père : N'as-tu que cette seule bénédiction, mon père ?

Béni-moi aussi, mon père ! Et Esaü éleva la voix et pleura.

Isaac, son père, répondit, et lui dit :

Voici !

Ta demeure sera privée de la graisse de la terre, et de la risée du ciel, d'en haut.

Tu vivras de ton épée, et tu seras asservi à ton frère.

Mais en errant librement ça et là, tu briseras le joug de dessus ton cou.

Et voilà qui le présente si bien, le contenu des différents versets ci-dessus, lesquels témoignent de ce qui finira par se passer entre les deux frères jumeaux, pour que le plus petit, avec l'aide de leur maman allait réussir à confirmer la prophétie qui était sur leurs vies, et cela en vue de la manifestation de la volonté souveraine de l'Eternel Dieu en ce qui concerne l'exercice des différents ministères qui porteront son nom.

C'est le lieu de rappeler que Jacob, allait correspondre au sacerdoce lévitique qualifié pour la circonstance, de faux ministère de Dieu, c'est à dire l'adoration charnelle ou encore le ministère des anges, lequel sera plus tard reconnu, de mort et de condamnation, parce que privé de la présence du Saint-Esprit.

Cependant, Esaü aura pour correspondance, le ministère de la réconciliation ou de la justice, qualifié pour la circonstance du vrai ministère de Dieu, c'est à dire l'adoration spirituelle ou encore le ministère de l'Esprit, et reconnu seul capable d'assurer le salut des âmes des croyants.

Esaü, c'est aussi la foi en Dieu ou en Christ, parce que reposant uniquement sur la parole et la promesse.

Voilà pourquoi il lui sera dit : Tu vivras de ton épée, laquelle correspond à la parole de Christ, ou la vérité biblique et seule la foi en elle, te permettra de s'affranchir du joug de malédiction posé sur toi par ton frère Jacob, qui est aussi dans la figure de la loi.

Dans la suite des événements, ce Jacob cédera sa place d'acteur à Moïse pour montrer l'échec dudit ministère et son incapacité à assurer le salut de l'âme de quiconque s'y accroche, d'où la conversion au ministère de l'Esprit, lequel dans le cas d'espèce correspond à Esaü.

Il faut souligner que nous avons encore beaucoup de choses à dire et à démonter à des occasions comme celles-ci, cependant, nous ne saurions allés plus loin que cela à cause du défaut de croissance spirituelle du grand nombre des croyants à qui s'impose une bonne connaissance et appréhension de l'Evangile.

Et c'est sur ces mots que nous mettons terme à notre développement relatif à l'étude de la personnalité représentative de chacun des deux différents ministère.

Chapitre : 6

Etude comparative des deux ministères de Dieu.

Le chapitre que voici, nous soumettra à procéder à l'étude de comparaison des deux différents ministères de Dieu, lesquels semblent s'opposer l'un à l'autre quoique provenant de la même et unique source, et apprêtés pour le même intérêt même si les finalités diffèrent l'une de l'autre.

En effet, il convient de commencer par rappeler que là où le premier ministère en liste avait échoué, le second et dernier sera couronné de succès, et cela conformément à la juste volonté de l'Eternel le Dieu Tout-puissant.

Ainsi, pour ce qui regarde le cas du premier ministère de Dieu, on notera quelques principes fondamentaux à caractère religieux et soutenus par la loi, de sorte que son défaut d'observation conduit rigoureusement à de diverses sentences prescrites par la loi communément appelée, la loi de Moïse, ou de l'interdit, ou encore du péché et de la mort.

Réf bibliques : Jean : 4 V 19 - 20.

Seigneur, lui dit la femme, je vois que tu es prophète.

Nos pères ont adoré sur cette montagne ; et vous dîtes, vous, que le lieu où il faut adorer est à Jérusalem.

Et voilà le contenu détaillé de quelques versets ci-dessus, lesquels confirment la notion des lieux spécifiques revendiqués les uns et les autres pour rendre d'après les prescriptions de la loi, conforme son adoration ou offrandes d'adoration à Dieu.

Ainsi, on notera pour l'occasion, les lieux tels que, celui de la montagne revendiqué par les samaritains, et le territoire de Jérusalem, revendiqué par ceux qui se réclament de la communauté juive cependant, sont tous issus de la même descendance parentale, d'Abraham, d'Isaac et de Jacob ou Israël.

Il faut souligner que ce ministère, à la lumière du Saint-Esprit, sera révélé de celui de la mort et de la condamnation pour avoir repoussé par son exercice les croyants loin de l'Eternel leur Dieu, au lieu de l'inverse pour enfin servir à la réconciliation des deux parties en conflit puisque l'homme, par sa connaissance du péché, était tombé en disgrâce c'est à dire, en divorce d'avec Dieu, son créateur pour un nouveau compagnon ou maître.

Réf bibliques : 2 Corinthiens : 3 V 7, 9 ; Hébreux : 9 V 25 - 26.

Or, si le ministère de la mort, gravé avec des lettres sur des pierres a été glorieux, au point que les fils d'Israël ne pouvaient fixer les regards sur le visage de Moïse, à cause de la gloire de son visage, bien que cette gloire fût passagère...

Si le ministère de la condamnation a été glorieux, le ministère de la justice est de beaucoup supérieur en gloire.

Et ce n'est pas pour s'offrir lui-même plusieurs fois qu'il y est entré, comme le souverain sacrificateur entre chaque année dans le sanctuaire avec du sang étranger ; autrement, il aurait fallu qu'il eût souffert plusieurs fois depuis la création du monde, tandis que maintenant, à la fin des siècles, il a paru une seule fois pour abolir le péché par son sacrifice.

Nous avons également à partir du contenu des versets ci-dessus, lesquels témoignent de la qualification de ce premier ministère de Dieu conduit par les pécheurs et qui jusqu'à présent, reste d'actualité malgré l'accomplissement de la loi pour la naissance de l'église.

On parlera du ministère de la mort et de la condamnation, comme éléments indiquant la finalité dudit ministère.

Toutefois, les vocables de condamnation et de mort ne seront pas les seuls mots employés pour qualifier ce ministère, mais il y aura aussi le péché pour le designer et sera aussi souligné dans la suite du contenu des versets ci-dessus.

Et cela était nécessaire pour signifier que la présence de l'Eternel Dieu, conformément à sa nature de justice, ne siège pas dans ce ministère, et ne le pouvait même pas puisqu'il ne saurait se contredire, étant toujours égal à lui-même.

En effet, il faut rappeler que ce ministère repose sur la loi de l'interdit, laquelle avait été reconnue favorisant la connaissance du péché par l'homme, élément de base de divorce entre celui-ci et l'Eternel Dieu, son créateur.

Mais cette loi que l'Eternel Dieu avait mise à la disposition de l'homme n'occasionnera pas que la connaissance du péché, mais elle conduira ce dernier à la mort par un jugement sentencieux lequel aboutira à sa condamnation, puisque la considération des faits entrant dans l'acte de péché de l'homme impliquera aussi la désobéissance à l'ordre de Dieu.

L'homme aura ainsi enfreint à la loi de Dieu en désobéissant à ses instructions et ordres entrant dans le cadre de l'interdit.

Réf bibliques : Romains : 5 V 16.

Et il n'est pas du don comme de ce qui est arrivé par un seul qui a péché ; car, c'est après une seule offense que le jugement est devenu condamnation, tandis que le don gratuit devient justification après plusieurs offenses.

Et toujours dans notre cadre de développement, nous allons encore découvrir que ce ministère au sujet duquel nous venons de présenter certains aspects, sera qualifié à d'autres endroits du ministère des anges, ce que nous ne manquerons pas d'en donner quelques détails.

Réf bibliques : Colossiens : 2 V 16 - 23.

Que personne donc ne vous juge au sujet du manger ou du boire, ou au sujet d'une fête , d'une nouvelle lune, ou des sabbats.

C'était l'ombre des choses à venir, mais le corps est en Christ.

Qu'aucun homme, sous une apparence d'humilité et par un culte des anges, ne vous ravisse à son gré le prix de la course, tandis qu'il s'abandonne à ses visions et qu'il est enflé d'un vain orgueil par ses pensées charnelles, sans s'attacher au chef, dont tout le corps, assisté et solidement assemblé par des jointure et des liens, tire l'accroissement que Dieu donne.

Si vous êtes morts avec Christ aux rudiments du monde, pourquoi, comme si vous viviez dans le monde, vous impose t-on ces préceptes :

Ne prends pas ! Ne goûte pas ! Ne touche pas !

Préceptes qui tous deviennent pernicieux par l'abus, et qui ne sont fondés que sur les ordonnances et les doctrines des hommes ?

Ils ont à la vérité, une apparence de sagesse, en ce qu'ils indiquent un culte volontaire, de l'humilité, et le mépris du corps, mais ils sont sans aucun mérite et contribuent à la satisfaction de la chair.

Ainsi se présente le contenu des versets ci-dessus lesquels nous offrent encore plus de détails concernant le premier ministère sur lequel nous travaillons.

Ceci étant, nous pouvons aisément remarquer à travers la bonne présentation des saintes écritures qu'il s'agissait en réalité d'un ministère taillé sur la séduction et la tromperie, lesquelles constituent des éléments qui serviront de véritables profits à ceux qui s'y sont accrochés, et dans le même temps, soumet à une forme d'esclavage qui ne dit pas son nom, à le reste de la communauté qui est appelé à aller solliciter les services de l'Eternel Dieu auprès de ces dignitaires ou ministres de Dieu.

Cependant, l'un dans l'autre, on notera que derrière le ministère se cachera une adoration de Dieu basée sur la chair malgré l'exercice corporel auquel ceux-ci sont soumis et qui ne prend en considération que l'aspect apparent de leurs vies.

On notera une image de l'humilité purement apparente et le mépris du corps, comme pour se tirer la gloire les uns des autres.

On parlera également du ministère ou de l'adoration charnelle, laquelle donne à l'homme de conserver jalousement sa nature de péché et son inimitié avec Dieu, un état de vie l'éloignant chaque jour de la main de grâce et de miséricorde, tendue de l'Eternel Dieu pour le secourir.

Mais un autre aspect de ce ministère réside dans le fait qu'il s'agit d'un sacerdoce transmissible à l'image d'un héritage qui évolue dans l'ordre du père au fils, et c'est d'ailleurs, l'origine de la notion du père spirituel dans le rang des serviteurs de Dieu qui exercent dans ce ministère.

Ce qui signifie qu'il est impossible que l'appel de l'Eternel Dieu pour l'exercice du ministère soit adressé à plusieurs personnes à la fois, comme si plusieurs serviteurs allaient porter en même temps et dans la même période, la même onction, ce qui ne sera possible qu'après la mort de l'un pour l'apparition de l'autre.

Cela sera remarqué avec plusieurs de ces serviteurs, et quelques cas spécifiques seront solliciter pour enrichir au mieux notre développement.

Réf bibliques : Nbres : 27 V 18 - 20 ; 1 Rois : 19 V 15 - 16 ; Hébreux : 7 V 24.

L'Eternel dit à Moïse : Prends Josué, fils de Nun, homme en qui réside l'esprit ; et tu poseras ta main sur lui.

Tu le placeras devant le sacrificateur Eleazar et devant toute l'assemblée, et tu lui donneras des ordres sous leurs yeux.

Tu le rendras participant de ta dignité, afin que toute l'assemblée des enfants d'Israël l'écoute.

L'Eternel lui dit : Va, reprends ton chemin par le désert jusqu'à Damas ; et quand tu seras arrivé, tu oindras Hazael pour roi de Syrie.

Tu oindras aussi Jehu, fils de Nimschi, pour roi d'Israël ; et tu oindras Elisée, fils de Schaphath d'Abel-Mehola, pour prophète à ta place.

Mais lui, parce qu'il demeure éternellement, possède un sacerdoce qui n'est pas transmissible.

Nous avons donc à partir du contenu des versets ci-dessus, lesquels témoignent du caractère transmissible de l'exercice de ce ministère, et de toutes les différentes poches de responsabilité.

Nous avons pris à cette occasion, le soin de nous statuer sur les deux principaux acteurs ou figures emblématiques et représentatives de la loi et des prophètes du premier rang ou première classe, en les personnes respectives de Moïse et d'Elie.

Ainsi, on notera le serviteur de l'Eternel Dieu, le prophète Moïse, qui à la fin de sa mission ministérielle sera instruit de son Maître, l'appel à transmettre l'onction à son successeur, en la personne de son serviteur, le jeune Josué, et ce sera le premier cas.

En ce qui concerne le second cas des personnalités choisies, on notera le prophète Elie, qui, au soir de sa mission ministérielle, sera également instruit de l'Eternel Dieu son Maître, de passer le témoin à son successeur en la personne de son serviteur, le jeune Elisée.

Et tout cela s'ajoutera un dernier cas lequel nécessite un niveau de connaissance plus élevé à cause de son caractère réformateur.

Réf bibliques : Jean : 1 V 30 - 34 ; Mathieu : 14 V 10 - 13.

C'est celui dont j'ai dit : Après moi vient un homme qui m'a précédé, car il était avant moi.

Je ne le connaissais pas, mais c'est afin qu'il fût manifesté à Israël que je suis venu baptiser d'eau.

Jean rendit ce témoignage : J'ai vu l'Esprit descendre du ciel comme une colombe et s'arrêter sur lui.

Je ne le connaissais pas, mais celui qui m'a envoyé baptisé d'eau, celui-là m'a dit : Celui sur qui tu verras l'Esprit descendre et s'arrêter, c'est celui qui baptise du Saint-Esprit.

Et j'ai vu, et j'ai rendu témoignage qu'il est le Fils de Dieu.

Il envoya décapiter Jean dans la prison.

Sa tête fut apportée sur un plat, et donnée à la jeune fille, qui la porta à sa mère.

Les disciples de Jean vinrent prendre son corps, et l'ensevelirent.

Et ils allèrent l'annoncer à Jésus.

A cette nouvelle, Jésus partit de là dans une barque, pour se retirer à l'écart dans un lieu désert ; et la foule, l'ayant su, sortit des villes le suivit à pied.

Et là se présente le contenu des versets ci-dessus, lesquels nous renseignent sur le passage officiel du pouvoir ministérielle entre les deux derniers prophètes à savoir : Jean Baptiste et Jésus de Nazareth.

C'est le lieu de rappeler que le seigneur Jésus, l'agneau et Fils unique de Dieu, dans le rôle de serviteur de Dieu, avait entamé son ministère terrestre sous le statut de prophète et cela conformément à l'ordre directionnel de l'Eternel Dieu pour le salut des hommes, puisqu'en principe, c'est au prophète que revient de droit, le pouvoir de porter la parole de Dieu au devant des peuples et des nations.

Et conformément au principe transmissible du ministère en cours, l'arrestation et la disparition du premier ou l'ancien était nécessaire, voir obligatoire pour l'apparition du nouveau ou successeur.

Ainsi se confirme le caractère transmissible de ce sacerdoce, ce qui affiche son instabilité et son autre caractère défaillant et imparfait.

Et pendant que nous finissons le travail du regard sur le premier ministère, il convient de souligner qu'il est vrai que le sacerdoce avait été aboli et remplacé d'après les saintes écritures cependant, les hommes assoiffés de l'argent ont conservé le système et ont réussi à l'asseoir dans les assemblées de l'église, et ainsi, ne cessent de drainer du monde dans leurs aventures d'égarement et de résistance au Saint-Esprit, parce que ceux-là ne s'occupent que de la vie charnelle des croyants, laquelle est préoccupée par la satisfaction des désirs de la chair ; de la convoitise de la chair et des yeux.

Un aspect très important de la vie d'adoration de ceux-là est qu'ils ne parviendront jamais à s'affranchir de l'autorité du péché et par conséquent, la conscience de croyants pécheurs et simplement parce qu'ils choisissent par l'emprunt de leur voie, l'orgueil envers Dieu au lieu de l'humilité pour obtenir sa grâce, sans laquelle, le salut de l'âme devient absolument impossible.

Et ce faisant, ils subissent la résistance de l'Eternel Dieu selon qu'il est écrit : Dieu résiste aux orgueilleux, et fait grâce aux humbles.

Ils ont le nom du seigneur Jésus à la bouche cependant, reniant continuellement le Christ c'est à dire, l'œuvre de la rédemption ou de la croix de l'agneau de Dieu, le seigneur et sauveur Jésus-Christ pour leur véritable nouvelle naissance et la justification ou le salut de leurs âmes.

Réf biblique : Mat : 7 V 21 - 23 ; Colos : 2 V 23 ; 2 Tim : 3 V 5 ; 2 Pier : 2 V 1.

Ceux qui me disent : Seigneur, Seigneur ! N'entreront pas tous dans le royaume des cieux, mais celui-là seul qui fait la volonté de mon Père qui est dans les cieux.

Plusieurs me diront en ce jour-là : Seigneur, Seigneur, n'avons-nous pas prophétisé par ton nom ?

N'avons-nous pas chassé des démons par ton nom ?

Et n'avons-nous pas fait beaucoup de miracles par ton nom ?

Alors je leur dirai ouvertement : je ne vous ai jamais connu, retirez-vous de moi, vous qui commettez l'iniquité.

Ils ont, à la vérité, une apparence de sagesse, en ce qu'ils indiquent un culte volontaire, de l'humilité, et le mépris du corps, mais ils sont sans aucun mérite et contribuent à la satisfaction de la chair.

Ayant l'apparence de la piété, mais reniant ce qui en fait la force. Eloigne-toi de ces hommes là.

Il y a eu parmi le peuple de faux prophètes, et il y aura de même parmi vous de faux docteurs, qui introduiront des sectes pernicieuses, et qui, reliant le maître qui les a racheté, attireront sur eux une ruine soudaine.

Et voilà qui se confirme très bien, grâce au contenu des versets ci-dessus lesquels témoignent du comportement répréhensible de ces ministres qui avaient opéré par le passé, et qui restent toujours d'actualité, parce que poussés par l'envi orgueilleux de se donner des titres et des distinctions diverses, et cela au risque de leur propre ruine et de la menace de se faire rejeter par le maître au soir de leur dévouement ministériel.

Il se trouve qu'ils chercheront même à se défendre en son temps par des prétextes d'avoir exercé et opéré de grandes œuvres au nom du Seigneur, mais seront surpris d'être rejeté par ce dernier, qui n'hésitera à les repousser loin de lui.

Ainsi, leurs avis et arguments seront insuffisants pour les servir de crédits aux oreilles du maître et pour leur valoir un quelconque mérite.

Il faut souligner que nous avons encore beaucoup de choses à dire et à apporter comme contribution à cette première phase de notre développement cependant, il serait souhaitable de nous arrêter sur ce peu de mots, pendant que nous abordons la seconde phase de notre travail.

Ainsi, nous abordons la seconde phase de ce chapitre relatif à la comparaison des deux différents ministères, tout en soulignant que celui-ci sera qualifié du ministère de l'Esprit ; de la réconciliation ou encore de la justification du pécheur.

Le ministère que voici, sera initié par le Fils de Dieu, le seigneur et sauveur Jésus-Christ, et portera par les trois fondamentaux sacrificiels à savoir : la mort sur la croix de l'agneau ; son ensevelissement, et sa résurrection.

Il faut rappeler que ces trois piliers font objet d'une et une seule doctrine appelée vérité ou l'Evangile cependant, restent chacun en ce qui le concerne, un sujet dont la bonne compréhension reste déterminante et irremplaçable pour une véritable nouvelle naissance en Dieu ou de Dieu.

Il s'agira en d'autre terme des trois piliers de l'Evangile lesquels, comme nous le disions tantôt, restent fondamentaux pour s'identifier à la justice de Dieu, laquelle était l'objectif final de tous les différents services et compétences alloués aux différents ministères.

Réf bibliques : 1 Corinthiens : 1 V 17 - 18 ; 15 V 1 - 4.

Ce n'est pas pour baptiser que Christ m'a envoyé, c'est pour annoncer l'Evangile, et cela sans la sagesse du langage, afin que la croix de Christ ne soit pas rendue vaine.

Car la prédication de la croix est une folie pour ceux qui périssent ; mais pour nous qui sommes sauvés, elle est une puissance de Dieu.

Je vous rappelle, frères, l'Evangile que je vous ai annoncé, que vous avez reçu, dans lequel vous avez persévéré, et par lequel vous êtes sauvés, si vous le retenez tel que je vous l'ai annoncé ; autrement, vous auriez cru en vain.

Je vous ai enseigné avant tout, comme je l'avais aussi reçu, que Christ est mort pour nos péchés, selon les écritures.

Qu'il a été enseveli, et qu'il est ressuscité le troisième jour, selon les écritures.

Ainsi se présente le contenu des versets ci-dessus lesquels, témoignent du passage rédempteur par la croix du seigneur et sauveur Jésus-Christ. Un passage qui implique inconditionnel les trois piliers susmentionnés à savoir, la mort ; l'ensevelissement, et la résurrection du fils de l'homme, l'agneau de Dieu, le seigneur et sauveur Jésus-Christ.

Il s'agira à cet effet, de la puissance de l'Eternel Dieu pour le salut ou la justification des âmes des croyants.

Ce ministère reposera sur la loi de la liberté, encore appelée, la grâce, ou la loi de l'esprit de vie, laquelle lie le croyant à l'Eternel Dieu son créateur par une relation de confiance et d'assurance, basée non sur ses efforts personnels, mais plutôt sur sa foi en la victoire et l'œuvre triomphante de son seigneur et sauveur Jésus-Christ.

Dans cette adoration, qualifiée de spirituelle, le croyant né de nouveau, avec l'aide du Saint-Esprit qu'il a reçu et qui est le gage de son adoption, s'élève au-dessus des raisonnements et des pensées humains.

Ce faisant, il sort de la sagesse mondaine et religieuse pour dépendre désormais de la sagesse de Dieu laquelle est appelée le Christ dans une conscience pure selon la justice qui provient de Dieu et non de la loi c'est à dire, celle provenant des efforts personnels.

Réf bibliques : 1 Corin : 1 V 18 - 21 ; 2 V 6 - 10 ; Galates : 2 V 16.

Car la prédication de l'Evangile de la croix est une folie pour ceux qui périssent ; mais pour nous qui sommes sauvés, elle est une puissance de Dieu.

Aussi est-il écrit :

Je détruirai la sagesse des sages, et j'aimerai l'intelligence des intelligents.

Où est le sage ? Où est le scribe ? Où est le disputeur de ce siècle ?

Dieu n-at-il pas convaincu de folie la sagesse du monde ?

Car puisque le monde, avec sa sagesse, n'a point connu Dieu dans la sagesse de Dieu, il a plu à Dieu de sauver les croyants par la folie de la prédication.

Cependant, c'est une sagesse que nous prêchons parmi les parfaits, sagesse qui n'est pas de ce siècle, ni des chefs de ce siècle, qui vont être anéantis.

Nous prêchons la sagesse de Dieu, mystérieuse et cachée, que Dieu, avant les siècles avait destiné pour notre gloire.

Sagesse qu'aucun des chefs de ce siècle n'a connue, car, s'ils l'eussent connue, ils n'auraient pas crucifié le Seigneur de gloire.

Dieu nous les a révélées par l'Esprit. Car l'Esprit sonde tout, même les profondeurs de Dieu.

Et voilà qui se confirme très bien le contenu des versets ci-dessus, lesquels, nous mettent en face des deux principales sagesses autour desquelles tourne l'Evangile, encore appelé le message de la réconciliation.

Il vrai et connu de tous que les hommes, de par leur sagesse, avaient fait preuve de beaucoup d'imaginations et de créativités cependant, ces efforts par lesquels ils se sont fait remarquer dans plusieurs domaines de la vie, n'ont jamais réussi à leur permettre de percer la personne mystérieuse du Dieu insondable.

Ils se sont vantés de beaucoup d'exploits, d'imaginations et d'innovations, et cela à leurs actifs, cependant, restent limités dans leurs zèles à l'égard de la majesté divine.

Et pendant que nous évoluons dans notre développement, il importe de souligner que là où le sang des animaux devenaient indispensables conformément à la loi, pour servir à l'alliance portant le premier ministère de Dieu, il a fallu le précieux sang du fils de l'homme ; le Fils unique de Dieu, livré sur l'autel de la croix pour sceller la nouvelle alliance, laquelle était suffisante comme garantie pour assurer le salut de l'homme ou du croyant.

Et cela s'avérait nécessaire voir indispensable parce qu'il est impossible qu'un animal et plus précisément le sang d'un animal, répond de la vie d'un homme, qui déjà à la création, bénéficiait l'avantage divin d'être créé à l'image et selon la ressemblance de Dieu.

Et cette connaissance rentre dans la droite ligne du normal en ce que chaque ministère est porté par une alliance, cependant, il n'y a pas d'alliance sans l'écoulement du sang parce que c'est en cette matière organique que réside l'âme de toute chair, et l'âme constitue la personne spirituelle de l'homme, habilitée à répondre de lui devant Dieu ou la loi de Dieu.

Réf bibliques : Hébreux : 9 V 11 - 14.

Mais Christ est venu comme souverain sacrificateur des biens à venir ; il a traversé le tabernacle plus grand et plus parfait, qui n'est pas construit de main d'homme, c'est à dire, qui n'est pas de cette création ; et il est entré une fois pour toutes dans le lieu très saint, non avec le sang des boucs et des veaux, mais avec son propre sang, ayant obtenu une rédemption éternelle.

Car si le sang des taureaux et des boucs, et la cendre d'une vache, répandue sur ceux qui sont souillés, sanctifient et procurent la pureté de la chair, combien plus, le sang de Christ, qui, par un esprit éternel, s'est offert lui-même sans tache à Dieu, purifiera-t-il votre conscience des œuvres mortes, afin que vous serviez le Dieu vivant.

Ainsi se présente le contenu des versets ci-dessus lesquels témoignent de la différence dans plusieurs domaines et sur plusieurs aspects, entre les deux sacrifices destinés à porter les deux ministères dont le premier était révélé incapable d'assurer le salut de l'homme, c'est à dire les observants, et en cela nécessitait un renouvellement annuel, ce qui occasionnait la conservation de la conscience du péché, et le maintien du croyant sous la malédiction de la loi.

Par contre, le second et dernier sera déclaré suffisamment puissant pour délivrer le croyant de la conscience du péché, et de procéder à sa restauration totale et définitive une fois pour toute.

Réf bibliques : Hébreux : 10 V 1 - 3, 9 - 14.

En effet, la loi qui possède une ombre des biens à venir, et non l'exacte représentation des choses, ne peut jamais, par les mêmes sacrifices qu'on offre perpétuellement chaque année, amener les assistants à la perfection.

Autrement, n'aurait-on pas cessé de les offrir, parce que ceux qui rendent ce culte, étant une fois purifiés, n'auraient plus eu aucune conscience de leurs péchés ?

Mais le souvenir des péchés est renouvelé chaque année par ces sacrifices.

Il dit ensuite :

Voici, je viens pour faire ta volonté.

Il abolit ainsi la première chose pour établir la seconde.

C'est en vertu de cette volonté que nous sommes sanctifiés, par l'offrande du corps de Jésus-Christ, une fois pour toutes.

Et tandis que tout sacrificateur fait chaque jour le service et offre souvent les mêmes sacrifices, qui ne peuvent jamais ôter les péchés, lui, après avoir offert un seul sacrifice pour les péchés, s'est assis pour toujours à la droite de Dieu, attendant désormais que ses ennemis soient devenus son marche-pied.

Car, par une seule offrande, il a amené à la perfection pour toujours ceux qui sont sanctifiés.

Et voilà, qui le détaille très bien, le contenu des versets ci-dessus, lesquels établissent clairement non seulement la différence entre les deux ministères du point de vue des cultes et précisément, les sacrifices pour le péché, mais aussi, la nette supériorité par la seule et unique offrande ou sacrifice de l'agneau de Dieu sur ce qui se faisait, et qui était pratiquement une tradition aux mains de ceux qui s'y exerçaient.

Il sera alors question d'abolir une chose, une pratique, une connaissance et enfin une sagesse jugée caduque et impuissante pour établir une nouvelle plus appropriée, avec plus de garantie pour l'acquisition du salut de l'âme.

Celui-ci marchera désormais en nouveauté de vie, c'est à dire dans une conscience pure et de justice conformément à la direction de Dieu par Jésus-Christ.

Autre aspect différentiel des deux ministères, repose sur la privation des dons ministériels dans l'exercice du premier ministère, et cela pour des raisons qu'on ne saurait tout détaillées à cette occasion, contrairement au second et dernier ouvert à tous les différents dons ministériels de Dieu et portés par le Saint-Esprit en le seul et unique sauveur de l'humanité, le seigneur Jésus-Christ.

Il faut souligner que l'une des raisons privant le premier ministère des dons ministériels est que le ciel était resté fermé au-dessus de la tête de l'homme comme l'une des conséquences de sa connaissance du péché, ce qui se traduisait par son maintien sous la malédiction de la loi et dans l'état de mort spirituel

Et puisque les dons ministériels étaient portés par le Saint-Esprit, qui, pour raison du péché, ne pouvait plus faire route avec l'homme, ou le croyant, qui, par sa connaissance du péché était tombé en incompatibilité relationnelle avec l'Eternel Dieu, son créateur, le saint ; juste ; pur et parfait de nature.

Et pendant que l'adoration charnelle ou l'exercice du premier ministre, était conditionnée entre autres, par des lieux spécifiques de référence, et cela à la recherche du temple ou de lieux supposés abritant la présence de Dieu, l'adoration spirituelle ou l'exercice du second ou dernier ministère, fait de chaque croyant converti à Dieu par Jésus-Christ, le temple de Dieu en lequel réside en permanence la présence de l'Eternel Dieu, par le Saint-Esprit afin de donner de direction et de conduire la vie de ce dernier pour un avenir prometteur, et dans une relation de paix.

Réf bibliques : Jean : 4 V 20 - 21 ; 1 Corinthiens : 3 V 16 ; 6 V 19.

Nos pères ont adoré sur cette montagne ; et, vous dîtes, vous, que le lieu où il faut adorer est à Jérusalem.

Femme ! lui dit Jésus, crois-moi, l'heure vient où ce ne sera ni sur cette montagne ni à Jérusalem que vous adorerez le Père.

Ne savez-vous pas que vous êtes le temple de Dieu, et que l'Esprit de Dieu habite en vous ?

Ne savez-vous pas que votre corps est le temple du Saint-Esprit, que vous avez reçu de Dieu, et que vous ne vous appartenez point à vous-mêmes ?

Et voilà qui se présente bien à travers le contenu des versets ci-dessus, lesquels nous ramènent au concept lié à ce qu'on devrait connaître sur la place occupée par le temple d'après la formule de l'adoration charnelle et celle de l'Esprit.

Ainsi, le premier portera sur le temple en édifice ou un quelconque lieu symbolique, ce qui sera révélé de faux et trompeur, tandis que le second, quant-à lui, portera sur le corps du croyant régénéré ou né de nouveau ou encore de Dieu, et sera révélé, le véritable, et conforme à la vérité, c'est à dire, la volonté juste et parfaite de Dieu.

Le premier ministère qualifié d'adoration charnelle est centré sur la réalité, laquelle correspond à la personne humaine dont l'âme, et qui correspond à son domaine des sensibilités et des émotions, d'où la culture de la conscience du péché et avec conséquence, l'éloignement continuellement de Dieu et de la pensée de Dieu.

Par contre, le second qualifié de l'adoration spirituelle est centré sur la vérité, laquelle correspond à la personne humaine dont l'esprit qui est régénéré et correspond au domaine de Dieu, ou partageant la ressemblance et l'image avec Dieu.

On notera à cet effet, la culture de la conscience de justice et de la perfection selon Dieu, avec pour souvenir, l'œuvre de la croix ou de la rédemption du Fils unique, l'agneau de Dieu sans taches et sans défauts, dans sa mort ; son ensevelissement, et sa résurrection.

Et ce sera sur ces quelques notes que nous jugeons utile de mettre fin au développement dudit chapitre, quoique disposant encore suffisamment d'éléments de contribution à apporter et à ajouter.

Chapitre : 7

Impacts et conséquences de chacun des deux ministères.

Ce chapitre de notre étude, comme l'indique si bien le titre, nous occupera à l'effet c'est à dire, l'impact et mieux les conséquences de ces différents ministères sur la vie des croyants, puisque c'est bien eux, les concernés.

Cependant, il faut rappeler que nous avions déjà suffisamment marqué les esprits à travers le développement du chapitre précédent, ce qui nous amènera à présenter peu d'éléments à cette occasion afin de d'éviter de reproduire les mêmes idées ou pensées.

Toutefois, il sera intéressant de prendre en conséquence quelques versets comme référence et terme pour en servir d'utilité.

Réf bibliques : 3 Jean : 1 V 1 - 4.

L'ancien à Gaïus, le bien-aimé, que j'aime dans la vérité.

Bien-aimé, je souhaite que tu prospères à tous égards, et sois en bonne santé, comme prospère l'état de ton âme

J'ai été fort réjoui, lorsque des frères sont arrivés et ont rendu témoignage de la vérité qui est en toi, de la manière dont tu marches dans la vérité.

Je n'ai pas de plus grande joie, que d'apprendre que les enfants marchent dans la vérité.

Ainsi se présente le contenu des versets ci-dessus, lesquels témoignent des déclarations provenant du serviteur et disciple du seigneur Jésus-Christ, en la personne d'apôtre Paul.

En effet, il s'agissait des témoignages que cet homme de Dieu rendait à l'actif de l'un de ses mentorés communément appelés fils spirituels.

Il devra accentuer ses différentes déclarations sur le rapport de cet jeune-homme avec la vérité laquelle, à l'occasion nécessite une bonne connaissance et compréhension du contexte pour éviter de se retrouver loin de la pensée de Dieu.

Ceci étant, le vérité dans ce contexte précis, correspond à la doctrine du seigneur et sauveur Jésus-Christ et non, la formule classique et courante présente dans le quotidien des humains.

Et pour rappel, le seigneur Jésus, durant son ministère terrestre, avait fait usage de ce vocable à plusieurs occasions non seulement pour communiquer sur sa propre personne, mais pour tenter de sortir les juifs d'alors, du type ou modèle d'adoration de Dieu dans laquelle ils s'exerçaient et s'y accrochaient corps et âmes sans savoir qu'ils s'éloignaient de leur Dieu, chaque jour qui leur était offert.

Et d'ailleurs, c'était la principale raison de son avènement, afin d'œuvrer à les ramener dans le bon sens, et dans le droit chemin, celui de leur offrir la réconciliation avec Dieu, leur créateur.

Il s'offrira lui-même en sacrifice à Dieu pour que par sa mort à la croix, son ensevelissement et sa résurrection, il ouvre le véritable chemin de vie, c'est à dire capable de les conduire ou les ramener à Dieu.

Il accomplira effectivement la mission prophétique, et instaurera le ministère de la justice ou de la conversion, ou encore de la réconciliation avec Dieu, et prendra le soin de le confier à ses disciples pour l'intérêt des croyants.

On parlera ainsi de la prédication de l'Evangile ou la prêche du message de la foi en Jésus-Christ ou de la réconciliation du pécheur avec Dieu.

Réf bibliques : 1 Corinthiens : 15 V 1 - 4, 17 ; 2 : 5 V 18 - 20.

Je vous rappelle frères, l'Evangile que je vous ai annoncé, que vous avez reçu, dans lequel vous avez persévéré, si vous le retenez tel que je vous l'ai annoncé ; autrement, vous auriez cru en vain.

Je vous ai enseigné avant tout, comme je l'avais aussi reçu que Christ est mort pour nos péchés, selon les écritures.

Et qu'il a été enseveli, et qu'il est ressuscité le troisième jour, selon les écritures.

Et si Christ n'est pas ressuscité, votre foi est vaine, vous êtes encore dans vos péchés.

Et tout cela vient de Dieu, qui nous a réconciliés avec lui par Christ, et qui nous a donné le ministère de la réconciliation.

Car Dieu était en Christ, réconciliant le monde avec lui-même, en n'imputant point aux hommes leurs offenses, et il a mis en nous, le ministère de la réconciliation.

Nous faisons donc les fonctions d'ambassadeurs pour Christ, comme si Dieu exhortait par nous ; nous vous en supplions, au nom de Christ : Soyez réconciliés avec Dieu !

Et voilà en détaillé, le contenu des versets ci-dessus lesquels témoignent de la sagesse salutaire en Jésus-Christ que l'Eternel Dieu, allait offrir aux hommes de toute langue et de toute culture, afin que par leur foi en elle, obtiennent le salut de leurs âmes.

Mais avant d'arriver là, il faut souligner qu'il y eu une phase annonciatrice de ce mystère, et qui sera porté par le seigneur Jésus lui-même, alors qu'il se préparait pour son passage à la croix.

Réf bibliques : Jean : 8 V 30 - 32

Comme Jésus parlait ainsi, plusieurs crurent en lui.

Et il dit aux juifs qui avaient cru en lui : Si vous demeurez dans ma parole, vous êtes vraiment mes disciples.

Vous connaîtrez la vérité, et la vérité vous affranchira.

Si donc le Fils vous affranchit, vous serez réellement libres.

Ainsi, se présente le contenu des versets ci-dessus, lesquels nous donnent l'accès à l'usage du vocable, vérité par le seigneur Jésus lui-même.

On notera par procédé de lecture croisée des deux versets, que le mot vérité, traduisait le Fils, et par précision, le Fils unique de Dieu, le seigneur et sauveur Jésus-Christ.

Et en cela, il constitue en lui-même, la doctrine de vie, laquelle prendra corps à travers son œuvre de rédemption ou de la croix, pour être prêcher et enseigner aux hommes en général et les croyants pécheurs en particulier.

Et c'est par référence ou à la lumière de cette doctrine que l'apôtre Paul analysait la vie de son fils spirituel, et frère dans le Seigneur, Gaïus, et cela par des notes de félicitations pour l'avoir jugé conforme par ses activités, à ladite doctrine, c'est à dire la marche par la foi.

Et à titre de preuve relative à la pensée en développement, il sera remarqué dans un autre jugement à d'avis contraire à celui-ci.

Réf bibliques : Galates : 3 V 1 - 7 ; 5 V 2 - 4.

O, Galates, dépourvus de sens !

Qui vous a fascinés, vous, aux yeux de qui Jésus-Christ a été peint comme crucifié ?

Voici seulement ce que je veux apprendre de vous : Est-ce par les œuvres de la loi que vous avez reçu l'Esprit, ou par la prédication de la foi ?

Êtes-vous tellement dépourvus de sens ? Après avoir commencé par l'Esprit, voulez-vous maintenant finir par la chair ?

Avez-vous tant souffert en vain ? Si toutefois, c'est en vain.

Celui qui vous accorde l'Esprit, et qui opère des miracles parmi vous, le fait-il donc par les œuvres de la loi, ou par la prédication de la foi ?

Comme Abraham cru à Dieu, et cela lui fut imputé à justice.

Reconnaissez donc que ce sont ceux qui ont la foi qui sont fils d'Abraham.

Voici, moi Paul, je vous dis que, si vous vous faites circoncire, Christ ne vous servira de rien.

Et je proteste encore une fois à tout homme qui se faire circoncire, qu'il est tenu de pratiquer la loi toute entière.

Vous êtes séparés de Christ, vous tous qui cherchez la justification dans la loi ; vous êtes déchus de la grâce.

Et voilà, qui se lit très bien à travers le contenu des versets ci-dessus, lesquels témoignent du jugement disciplinaire porté par l'apôtre Paul contre les chrétiens ou croyants de la Galates, qui, pour des raisons non précisées, avaient commencé par faire preuve de refroidissement dans leur relation avec Dieu, en se détournant de la vérité ou la doctrine du seigneur Jésus-Christ ou encore la foi, pour retourner à leurs vomissures, c'est à dire, à la quête du salut des âmes ou la justification par les œuvres de la loi.

Voilà pourquoi, l'apôtre Paul n'hésitera pas à les cracher au visage, son dégoût et toute son amertume, car ce faisant, ils s'éloignaient de la grâce et méprisaient ainsi l'œuvre de la croix de leur seigneur et sauveur Jésus-Christ.

Ceux-là, d'après ses dires, étaient déchus de la grâce, en empruntant un autre chemin, lequel était déclaré, incapable d'assurer le salut de leurs âmes.

Et non seulement cela, il n'hésitera pas à les qualifier aussi d'insensés, et cela à partir de leur comportement répréhensible.

Toutefois, ce qui paraît encore plus important sur le plan d'impact et de conséquence dans cette étude, est le sens contextuel du vocable prospérité.

A cet effet, il convient de souligner qu'il en existe deux, de sorte qu'on notera : la prospérité charnelle et celle spirituelle.

Ceci étant, les faux docteurs ou ministres de Dieu attachés à la doctrine mosaïque, encore appelée, ministère de la mort et de la condamnation, ou encore le péché, se focalisent sur la prospérité charnelle, laquelle ne priorise que les choses de ce monde d'incertitude et d'injustice, soumis à la vie du péché.

Il est vrai que l'Eternel Dieu n'est pas du tout contre la prospérité matérielle, mais, la réconciliation avec lui d'abord, c'est à dire celle spirituelle avant la charnelle, puisque la première est éphémère et temporelle, tandis que la seconde est à la vérité, la principale et non seulement cela, mais elle reste éternelle et impérissable pour accompagner l'âme, même à la fin de son séjour terrestre.

Ceux-là ne connaissent et n'identifient la gloire de Dieu qu'à travers des choses visibles et matérielles et cela à cause de l'aveuglement de leurs yeux et de leurs cœurs demeurés captifs du péché.

En vérité, ils ne sont que des politiciens dont l'espoir repose sur les hommes ou les croyants, voilà pourquoi, ces ministres ne font que leur prêcher ce que ces derniers aiment entendre et s'y plaisent bien, afin de s'assurer de bonnes affaires, puisqu'après tout, c'est le gain financier qui compte.

Réf bibliques : Mathieu : 6 V 33 ; 2 Corinthiens : 3 V 14 - 15.

Cherchez premièrement le royaume et la justice de Dieu ; et toutes ces choses vous seront données par-dessus .

Mais ils sont devenus durs d'entendement. Car jusqu'à ce jour, le même voile demeure quand ils font la lecture de l'Ancien testament, et il ne se lève pas, parce que, c'est en Christ qu'il disparaît.

Jusqu'à ce jour, quand on lit Moïse, un voile est jeté sur leurs cœurs ; mais lorsque les cœurs se convertissent au Seigneur, le voile est ôté.

Et voilà qui le présente si bien le contenu des versets ci-dessus lesquels témoignent de la volonté de l'Eternel Dieu pour la vie prospère de l'homme ou du croyant.

Ce qui correspond à la prospérité spirituelle ou de l'esprit d'abord avant celle relative à la chair ou à l'âme.

Ainsi, la volonté manifeste de l'apôtre Paul en faveur de son confrère Gaïus, se traduisait par sa joie et sa fierté de savoir en premier lieu que ce dernier avait gardé la foi en demeurant dans la doctrine de Jésus-Christ, ce qui correspond à la prospérité de son esprit, et devrait valoir le bon état de son âme, et la bonne santé de tout son corps.

Et c'est d'ailleurs cela le but et l'objectif de la connaissance de l'Evangile ou la justification par la foi, puisque la bonne santé et la prospérité de toute âme dépend de celles de l'esprit, autrement, c'est de course perdue, et la poursuite du vent.

Et nous croyons avoir fait œuvre utile à travers ces quelques éléments de contribution et de complément d'informations susceptibles d'éclairer et de sortir plusieurs des lecteurs en général et nos partenaires de lecture en particulier, pour une croissance efficiente et en maturité dans leurs relations avec le Dieu vivant.

Conclusion :

Nous exprimons toute notre joie et fierté pour avoir été à nouveau utile comme instrument au service du Saint-Esprit, et cela pour la cause de la connaissance de la vérité, et dans l'intérêt des croyants.

En effet, nous avions pris le soin de saisir cette opportunité d'écriture et conformément à la volonté du Très-haut, d'apporter un grain de lumière sur ce qui est juste de savoir concernant les deux ministères officiellement présentés par les saintes écritures.

Nous avions fait mention du faux et du vrai ministère de Dieu, et non seulement cela, mais apporter suffisamment de détails suivants des lignes bien définies et des objectifs bien fixés.

Ainsi, il sera enfin notifié que le faux ministère de Dieu est centré sur le domaine charnel de l'homme, tandis que, le vrai, quant-à lui, se retrouve centrer sur le domaine de l'esprit de l'homme.

Nous avions également traité la question de la prospérité du croyant, laquelle passe en priorité, et conformément à plan directionnel de l'Eternel, par la prospérité de l'esprit avant celle de l'âme de l'homme, ou du croyant.

Mais avant cela, des différentes études de comparaison avaient été également abordées de manière à établir la différence entre les deux ministères et les deux personnalités représentatives.

Enfin, nous avions aussi joindre à nos différentes lignes de développement, des références bibliques nécessaires et importantes pour exciter l'envi et le goût de la lecture biblique à ceux qui jusque-là, prouvent encore de la peine pour découvrir les riches pensées de l'Eternel Dieu le créateur l'univers tout entier, et particulièrement de l'homme.

Et c'est sur ces mots que nous bouclons la boucle de cette étude d'enrichissement spirituel, en attendant de vous revenir pour de nouvelles parutions, et que le Seigneur de gloire nous garde.

Référence biblique :

Travail de recherche objective effectué sous le contrôle et l'autorité directionnelle du Saint-Esprit, et appuyé par la sainte bible version Louis Second.

Printed by Books on Demand GmbH, Norderstedt / Germany